李焜 著

实战一本通

多平台运营

跨境电商

U0782858

天津出版传媒集团

天津科学技术出版社

图书在版编目（CIP）数据

跨境电商多平台运营实战一本通 / 李焜著. -- 天津 ：
天津科学技术出版社，2025. 4. -- ISBN 978-7-5742
-2822-1

Ⅰ. F713.365.1

中国国家版本馆CIP数据核字第20254Z8E87号

———————————————————————

跨境电商多平台运营实战一本通

KUAJING DIANSHANG DUOPINGTAI YUNYING SHIZHAN YIBENTONG

责任编辑：吴丹丹

| 出　　版： | 天津出版传媒集团 |
| | 天津科学技术出版社 |

地　　址：天津市西康路35号

邮　　编：300051

电　　话：（022）23332695

网　　址：www.tjkjcbs.com.cn

发　　行：新华书店经销

印　　刷：水印书香（唐山）印刷有限公司

———————————————————————

开本 670×950　　1/16　　印张 12　　字数 150 000

2025年4月第1版第1次印刷

定价：49.80元

 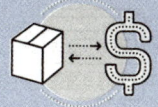  
在数字化与全球化快速推进的今天，跨境电商不仅是一种商业模式，还是一种全新的全球经济互动方式。本书通过对亚马逊、易贝、速卖通等全球电商巨头的深入分析，助力读者从战略层面理解跨境电商的核心竞争力和未来机遇。同时，作者独家分享了对TikTok、虾皮、Ozon等新兴平台的精准剖析，为不同市场、不同平台的运营者提供了切实可行的经验和策略，使企业能够在瞬息万变的全球电商环境中快速定位、精确制胜。

在全球经济一体化的大背景下，跨境电商已不仅仅是"卖货"那么简单的商业模式，更承载着跨国文化交流、国际市场竞争甚至国家经济格局重塑的重要使命。本书通过对市场趋势和平台策略的前瞻性分析，提供基于全球市场动态的预测与应对策略，助力企业读者在全球电商的复杂竞争中抢占先机。此外，本书还深入探讨了社交电商、AI技术、区块链等前沿技术如何塑造未来电商格局，帮助企业从未来的角度布局，实现长期可持续发展。

本书在操作性与战略性上达到了平衡。它不仅全面覆盖跨境电商的各个核心环节——从平台选择、产品定位、市场入

驻，到品牌塑造、跨境支付、国际物流等，还通过多维度的分析帮助企业在复杂的全球市场中建立竞争优势。本书还通过丰富的案例分析与真实的跨境电商故事，赋予理论框架强大的实战价值，以深入浅出的语言和系统化的框架为基础，为读者提供了集知识传授、战略思维与实际操作于一体的跨境电商全方位解决方案。无论是刚入行的新手，还是已经有经验的跨境电商从业者，都能够从本书中找到适合自己的战略方向和行动指南。

《跨境电商多平台运营实战一本通》不仅能帮助电商从业者提升操作技能，还能为企业决策者提供战略视角，助其在全球激烈的竞争中找到突破口、创新模式，确保企业在国际化进程中稳步前行。如果你正准备在跨境电商这片蓝海中开疆拓土，这本书将是你不可或缺的"导航仪"，让你在全球电商舞台上赢得先机、抢占市场制高点。在快速变化的跨境电商环境中，希望它能成为你持续成长、稳步发展的可靠指南，帮助你在全球竞争中找到最合适的路径，稳扎稳打，最终实现长期发展！

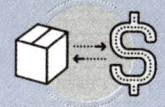

目录 CONTENTS

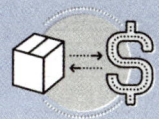

跨境电商概述

1

第1章

1.1 什么是跨境电商?

　　跨境电商指的是商家通过互联网进行国际贸易活动,即企业或个人通过电子商务平台跨国界进行商品和服务的交易。

　　通过跨境电商特有的交易方式,商家能够灵活地调整战略,利用数字化技术和数据分析来优化运营和提升服务质量,从而在全球市场中获取竞争优势,并保持长期可持续发展态势。

　　随着全球化进程的加速和电子商务技术及物流技术的不断发展,跨境电商已经成为全球贸易中不可忽视的一部分,其规模和影响力也在逐年增长。

1. 跨境电商产生的背景

　　跨境电商的兴起源于互联网技术的普及和电子商务平台的崛起,20世纪末和21世纪初,随着互联网技术的普及和电子商务平台的成熟,企业和消费者之间的距离逐渐缩小,国际贸易的成本和障碍也在逐步缩小,跨境电商便应运而生。

　　跨境电商的出现,极大地促进了不同国家和地区之间的商品和服务流动,为全球消费者提供了更多的选择。

2. 当下跨境电商的范畴

　　跨境电商不仅仅是简单的在线购物和销售,它是涵盖了商品采购、仓储物流、市场营销、售后服务等多个环节的全球化运作。

在跨境电商的运作过程中，商家和消费者可以跨越地理空间和文化边界，利用网络实现实时的交易和信息传递，从而达成全球化的商业合作。

3. 跨境电商的主要参与者

跨境电商的参与者涵盖了企业商家和个人卖家，他们利用如亚马逊（Amazon）、易贝（eBay）、速卖通（AliExpress）等电子商务平台，将自己的商品全球化销售。

企业商家和个人卖家可以利用这些平台的品牌影响力和市场推广工具，迅速扩展自己在国际市场中的业务。这种模式促进了全球经济的一体化，加速了商品、服务和商业模式的全球流动与交流。

除此之外，跨境电商行业还有很多专业的第三方服务提供商，如国际物流公司、支付解决方案提供商、市场营销公司等，专门为卖家们的跨境电商运作提供必要的基础设施和技术服务支持。

以下是一些比较常见的跨境电商平台。

（1）亚马逊

亚马逊作为世界领先的电商平台之一，深受众多跨境电商从业者青睐。其广泛覆盖全球许多国家和地区的特点，使得从业者可以在该平台上销售各类产品，涵盖图书影视、电子设备、家居用品、时尚服饰、儿童玩具等多个品类。

（2）易贝

易贝是全球著名的电商平台之一，为卖家提供销售各类商品的机会，涵盖各类全新商品及二手商品。该平台上的交易非常多样化，吸引了众多的消费者。

（3）速卖通

速卖通是阿里巴巴集团旗下的跨境电商平台，涵盖了服装、电子产品、家居用品等多个品类的产品。速卖通致力于为卖家提供便捷的全球销售渠道和跨境交易服务，专注于帮助全球从业者将各类商品推向国际市场。

除此之外，还有很多其他的跨境电商平台，如虾皮（Shopee）、TikTok、Ozon、Shein、Wish、Jungle、Snapdeal、来赞达（Lazada）、ZALORA、Deal Extreme等。

4. 跨境电商的关键特征与优势

跨境电商相较于传统的国际贸易方式，具有以下几个显著的特征和优势，如图1-1所示。

开放的全球市场　　　　　创新的商业模式

跨境电商的
关键特征与优势

帮助商家降本增效　　　　多样化的商品选择

高效的市场响应

图1-1

（1）开放的全球市场

这种新型的商业模式不仅加速了国际贸易的发展，还为中小企业及个体商家创造了更广阔的业务机会，允许他们在全球范围内寻找新的客户群和市场份额。

（2）帮助商家降本增效

跨境电商没有实体店铺或中间商环节，商家不需要承担实体店铺租金、高昂的人力成本及复杂的库存管理工作，这能够帮助商家降低运营成本，从而更有效地利用资金和资源，让商家可以更专注于产品和服务质量的提升。

（3）高效的市场响应

跨境电商通过实时传递商品信息和市场需求，使商家可以更加迅速地调整产品策略和市场定位，以满足不断变化的消费者需求，从而提升销售效率和市场占有率，有效缩短产品从生产到销售的周期。

（4）多样化的商品选择

跨境电商平台多样化的产品选择不仅能拓宽消费者的视野，满足他们个性化的需求，还能让其享受到更广泛的商品品类和更优秀的商品品质。

（5）创新的商业模式

跨境电商的革新不仅加快了商品从生产到销售的流通速度，还激发了企业在全球市场中更灵活、更有效地运作和竞争的能力。这种革新推动了企业对技术和市场趋势的敏锐反应，为全球经济注入了新的活力和增长动力。

5. 跨境电商面临的挑战与应对策略

尽管跨境电商发展得如火如荼，但也面临着一些挑战，包括但不限于国际物流风险、关税政策、消费者保护法条、文化差异和语言障碍等。为了有效应对这些挑战，跨境电商需要依托先进的技术和全球化的合作网络，同时制定和执行全面的市场进入策略和风险管理措施。

6. 跨境电商为普通人带来了什么好处？

跨境电商作为全球经济发展的重要驱动力之一，不仅为企业带来了全新的市场机遇和商业模式，也为消费者提供了更多选择和便利，为普通人提供了更广阔的市场和多样的商业机会，使得个人能够更自由地参与到全球经济中。

（1）增加创业机会

跨境电商通过在线平台降低了进入国际市场的门槛，直接连接全球消费者，实现商品销售和市场拓展，使得普通人无须依赖传统的实体店面或大规模资本投入就能实现创业。

（2）全球市场的接入

跨境电商的交易方式使得个人卖家能够充分利用电商平台的全球化覆盖和市场网络，以更加灵活和高效的方式与全球消费者进行沟通和交易，从而开拓新的市场机会并实现利润增长。

（3）成本效益和价格优势

跨境电商可以帮助个人卖家充分利用全球化资源和市场动态进行成本优化，从而获取在全球市场中更为优惠和吸引人的价格，让个人卖家能够在竞争激烈的市场中保持竞争力并提升销售效率。

（4）增加就业机会

跨境电商的兴起不仅创造了大量直接的电商从业机会，还推动了与之相关的物流、数字营销和客户服务等行业的蓬勃发展。

1.2 全球跨境电商市场现状与趋势

在全球化加快、技术发展及消费需求变化的大趋势下，跨境电商从最初的零星探索，到现在已崛起为全球经济中不可小觑的重要部分。根据各类市场研究机构的统计数据，跨境电商的交易规模和市场渗透率不断攀升，吸引了大量企业和个人卖家参与其中。

对跨境电商市场现状与趋势的具体分析如下。

1. 全球市场规模

据权威统计数据，2024年全球跨境电商交易规模已达数亿美元。尽管全球经济因国际局势变动、疫情冲击、全球供应链波动等多个不确定性因素而深受困扰，但跨境电商仍彰显出强劲韧性，且不断拓展。跨境电商市场不再仅聚焦于大宗商品的国际贸易，正逐步拓展至日常消费品、数字商品及服务等众多领域。

2. 主要市场分布

全球跨境电商市场主要由若干大区域构成，如图1-2所示。亚太地区、北美地区及欧洲地区是三大关键市场，它们在其中占据着重要地位。

图1-2

（1）亚太地区

亚太地区是跨境电商发展增速极快的区域，其展现出的活力与潜力令人瞩目，因此亚太地区在电商领域的地位也日益凸显。

中国、日本、韩国与一些东南亚国家已然成为跨境电商的重要市场。其中，中国电商出口在全球占据主导地位，据商务部国际贸易经济合作研究院统计的数据：2023年我国跨境电商出口规模达1.83万亿元。凭此佳绩，我国一举成为全球最大的跨境电商出口市场。

（2）北美地区

美国是全球跨境电商市场中重要的消费国之一，尤其在B2C（Business to Consumer，企业对消费者）模式下，其消费者对全球商品的需求极为旺盛。例如，亚马逊、易贝等平台，在美国市场中影响力很大，因此吸引了众多来自全球的卖家入驻其中。

（3）欧洲地区

欧洲的德国、法国、英国等国作为跨境电商的重要消费市场，在相关领域发挥着显著作用。欧洲跨境电商常倚重区域内本地化平台，如德国的OTTO、英国的ASOS等，同时也不乏国际性平台，如速卖通、易贝等。

（4）其他新兴市场

因互联网普及率上升，拉丁美洲、非洲及中东等新兴市场顺势崛起，成为跨境电商的关键增长点，展现出巨大潜力。尤其是在阿根廷、巴西、南非与尼日利亚等国，随着消费能力的上扬，跨境电商的潜能得以逐步发掘。

3. 跨境电商消费趋势

跨境电商消费者的特质日益多元化，消费需求与偏好愈发丰富多样，呈现出明显的多样化态势，且这一趋势还在持续加深。

首先，随着生活水平的提升，消费者对高品质且具有独特性的商品的需求持续攀升，呈现出日益增长的势头。例如，欧美市场对亚洲特别是中国的电子产品、服装和配饰需求量较大；而亚洲市场则对欧美地区的保健品、化妆品、奢侈品等有较强的需求。

其次，消费日益趋向个性化与定制化，需求不断攀升，特别是在时尚及家居产品领域，此趋势愈发凸显。例如，环保包装、绿色商品及有机食品等成为消费者越来越关注的热点。

4. 跨境电商市场发展趋势

在技术持续革新、消费者需求转变以及政策环境渐趋完善的当下，全球跨境电商于下述几方面展露显著的发展态势，如图1-3所示。

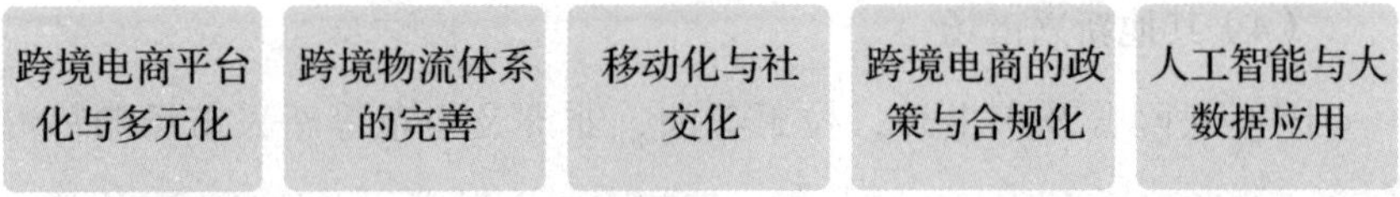

跨境电商平台化与多元化	跨境物流体系的完善	移动化与社交化	跨境电商的政策与合规化	人工智能与大数据应用

图1-3

（1）跨境电商平台化与多元化

在当下，平台化是跨境电商演进的关键趋向，这不仅能为跨境电商行业的未来发展奠定基础，还能为其开辟更广阔的前景。借助大型电商平台，卖家能迅速拓展全球市场，消费者也可便捷选购全球商品，这一举措给买卖双方带来了极大便利。

目前，传统大型电商平台不再是卖家的唯一选择，众多垂直、社交及直播电商平台等纷纷崭露头角。因此，多平台拓展已成众多跨境电商企业的战略选择。

（2）跨境物流体系的完善

高效且稳定的物流体系，为跨境电商的行业发展与前行提供了必要且有力的支撑。在跨境电商初期，因为物流成本较高、配送时效滞后等问题，常使卖家和消费者感到困扰。

随着技术不断演进，跨境物流供应链领域掀起变革，尤其是海外仓、智能物流与区块链技术的采用，使跨境电商物流在时效和透明度方面大幅提高。

未来，全球物流基础设施将日益高效，促使跨境电商愈发便捷，这一发展会持续打破地域局限，推动国际贸易走向繁荣。

（3）移动化与社交化

随着智能手机的广泛运用、移动互联网的飞速发展，移动端电商已逐渐成为跨境电商的主流。据全球数据统计机构Statista的统计，全球约50%的跨境电商交易源自移动端，这一状况凸显了移动端在跨境电商领域的关键地位。

此外，社交电商正在蓬勃崛起，并逐渐演变为关键的跨境电商形态，其重要性与日俱增。借助如Facebook、Instagram、TikTok等社交平台，卖家可更精准地触及全球消费者，还能凭借KOL（Key Opinion Leader，关键意见领袖）与网红的影响力，推动销量增长。

（4）跨境电商的政策与合规化

跨境电商迅猛发展的同时也出现了很多相关问题，因此世界各国针对跨境电商的监管政策也开始渐趋严格。尤其是在税收、知识产权保护、消费者权益等方面，各国政府正在制定更建全的法律法规。

合规化运营已成跨境电商企业的重大挑战之一，如何应对此挑战，直接影响着企业的长远发展与市场竞争力。各国对于电商平台、物流渠道以及支付系统的合规性要求将变得更加严苛，卖家需要加强对于政策的了解和重视。

（5）人工智能与大数据应用

未来，人工智能和大数据分析技术在跨境电商领域的发展中也将发挥更为关键的作用。凭借大数据分析，卖家能够深度洞悉市场需求与消费者行为，进而拟定更为精准的营销策略，借此提升销售成效。

与此同时，客服、商品推荐及物流优化等更多环节也可以通过人工智能提升效能，从而增强跨境电商的运营能力。

全球跨境电商市场正在经历高速增长和深度变革，新的机遇和挑战层出不穷。随着消费观念的变化、技术的不断发展以及全球贸易环境的改善，跨境电商在未来将会迎来更多的创新机会和发展空间。对企业来说，紧跟行业趋势、把握市场脉搏，将是成功进入并在跨境电商领域立足的关键。

1.3 跨境电商的主要优势与特点

与传统国际贸易模式相比，跨境电商通过互联网和数字技术的支持，不仅大大降低了贸易的门槛，还为消费者和商家创造了更加便捷、高效的交易方式。接下来，让我们从多个角度详细了解跨境电商的主要优势与特点。

1. 跨境电商的优势

（1）开放的全球市场

跨境电商的最重要优势之一就是其能够跨越国界，使商家和消费者通过互联网平台即可实现全球市场的连接，无须面对传统国际贸易中的烦琐手续、语言障碍、地域限制等问题，自由方便地进行商品的买卖和交易。

对于商家而言，跨境电商不仅能够帮助其拓展国际市场、增加销售渠道，还能通过数字化工具更高效地接触到全球潜在客户，打破传统贸易模式的地域限制。

（2）降低运营成本

与传统国际贸易相比，跨境电商商家不再需要租赁昂贵的商业空间，也不需要投入大量的资金在库存、仓储和人力资源上。跨境电商平台通常提供完善的供应链管理服务，帮助商家高效地管理产品库存，进行订单处理和物流配送。

（3）高效的市场响应与灵活性

通过互联网平台，商家可以实时监控全球市场的需求动态，随时调整产品供应、定价策略和促销活动，实现快速的市场响应和灵活的战略调整。

例如，当某个国家或地区的消费者对某类产品需求激增时，跨境电商商家可以通过平台数据分析，快速调整产品库存、定价和广告投放，从而及时抓住市场机遇。与此同时，跨境电商还能够灵活调整销售策略，包括选择打折促销，选择合适的销售渠道和平台，等等。

（4）丰富的商品种类与多样化选择

这种多样化不仅体现在产品的种类上，还体现在品牌、规格、设计风格等方面，消费者能够买到具有本地特色、独特品质或国际品牌的商品。

对于商家而言，跨境电商平台能够为他们提供更广阔的市场，让商家根据消费者需求调整产品种类和供应链。同时，这也为小型和中型企业提供了更加公平的竞争环境，使其能够通过电商平台与大品牌同台竞争。

（5）改善供应链管理与物流效率

随着物流技术的发展，电商平台与物流公司、仓储中心的深度合作，使得跨境电商的物流配送不再困难。商家可以利用海外仓储、第三方物流以及集运服务等手段，实现跨境电商商品的快速配送，提升物流效率。

（6）创新的支付方式与货币转换

跨境电商的发展离不开支付技术的不断革新，很多跨境电商平台已经能够提供多种支付方式，如信用卡、PayPal、支付宝、微信支付等。

例如，支付宝和微信支付的全球化扩展，使得中国卖家能够更便捷地与全球消费者进行交易；PayPal则为不同国家的消费者提供了安全、便捷的支付服务。

2. 跨境电商的特点

跨境电商的特点可以从以下四个方面详细分析，如图1-4所示。

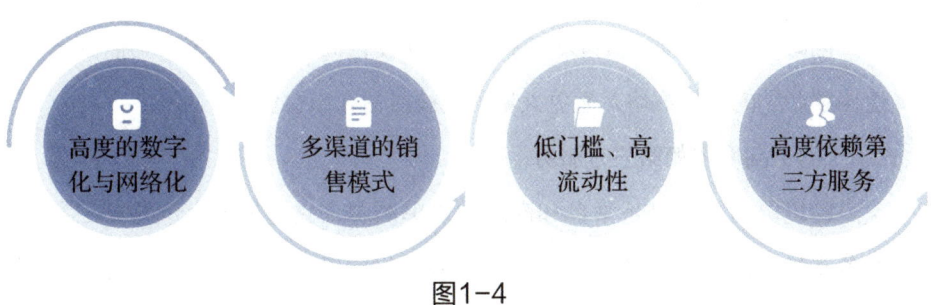

图1-4

（1）高度的数字化与网络化

高度的数字化与网络化让商家可以通过电商平台和互联网实现全球范围的商品买卖，而消费者则可通过在线购物平台进行浏览和购买。

电商平台通过大数据分析、人工智能算法以及云计算技术，为商家提供精准的消费者画像和市场需求预测。同时，商家也能借助这些技术手段实时跟踪产品的销售状况，优化广告投放，提升市场响应速度。

（2）多渠道的销售模式

跨境电商的销售模式不再局限于传统的B2C模式，它逐渐发展为多渠道的销售结构，包括B2B（Business to Business，企业对企业）、C2C（Consumer to Consumer，消费者对消费者）和B2B2C（Business to Business to Consumer，企业对企业对消费者）等不同形式。

这种多样化的销售模式，使得跨境电商能够覆盖更广泛的市场，并且满足不同消费者和商家的需求。

（3）低门槛、高流动性

跨境电商相较于传统的国际贸易模式，其进入门槛较低，任何具备互联网条件的人都可以通过电商平台参与其中。卖家不需要庞大的资本投资，也不需要昂贵的实体店铺和库存，任何中小企业或个人卖家均可通过电商平台销售商品。

同时，跨境电商具有较高的市场流动性，商家可以根据市场需求迅速调整产品的销售策略，避免大量资金被滞留在库存里。

（4）高度依赖第三方服务

跨境电商不仅仅是平台和商品的简单买卖，它是依赖大量的第三方服务支持才能正常运转的。第三方服务商包括但不局限于支付平台、物流公司、仓储服务商、海关代理商等，正是有了这些第三方服务商为跨境电商提供必要的基础设施和服务支持，才能为平台商品的顺利交易、支付和配送保驾护航。这种高度的分工协作模式，推动了跨境电商的快速发展和全球市场的进一步融合。

跨境电商在全球经济发展中占据着越来越重要的地位，其独特的优势和特点使其成为现代商业的重要组成部分。它不仅促进了全球商品的流动，打破了国界限制，还通过数字化技术、大数据分析和创新的商业模式，为全球消费者和商家创造了更多的机会。跨境电商通过提供更低的运营成本、更广阔的市场和更灵活的销售渠道，成为推动全球经济一体化、助力企业走向国际化的重要力量。

1.4 哪些企业适合入局跨境电商

随着全球化进程的加快和互联网技术的快速发展，不同的行业、规模和发展阶段的企业在跨境电商中的成功机会也各不相同，并不是所有企业都适合立即进入这一领域。因此，"到底适不适合入局跨境电商"成了众多企业在全球化战略中必须深入思考的问题。

1. 与跨境电商匹配的企业类型

跨境电商并非所有企业都能轻松适应，它更适合具有一定规模、技术实力以及产品优势的企业，如图1-5所示。

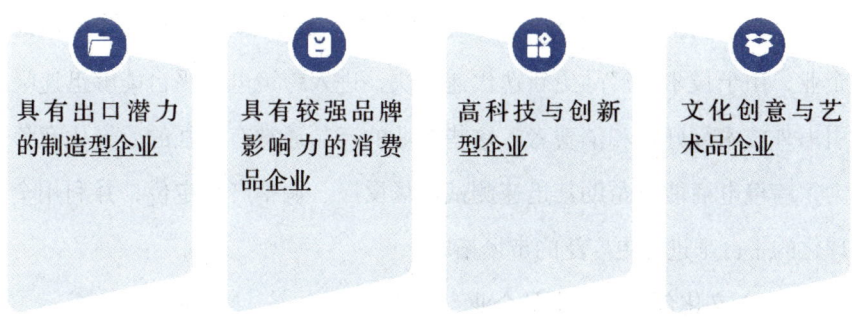

具有出口潜力的制造型企业　　具有较强品牌影响力的消费品企业　　高科技与创新型企业　　文化创意与艺术品企业

图1-5

（1）具有出口潜力的制造型企业

制造型企业，尤其是具有竞争力的中小型制造商，往往拥有较为低廉的生产成本和较强的产品技术优势。而对于那些生产标准化产品并具备出口能力的企业，进入跨境电商将是其扩大国际市场的有效途径。

例如，服装、鞋类、家电、电子产品等行业的企业，它们通常具备较为完整的生产线，其产品往往具备较高的质量和有竞争力的价格。通过跨境电商，这些企业可以直接接触到全球消费者，缩短供应链，提高效率，避免中间商赚差价，实现全球销售。

（2）具有较强品牌影响力的消费品企业

对于已经在国内市场中树立了品牌影响力的消费品企业来说，跨境电商是其拓展海外市场的一种直接、低成本的方式。化妆品、保健品、食品等行业的品牌商，通过跨境电商可以迅速打入国际市场，提升品牌认知度和市场份额。

例如，许多国内化妆品品牌通过跨境电商成功进入欧美市场，利用国内制造方面的优势，以高性价比的优势抢占市场份额。

（3）高科技与创新型企业

高科技行业，如消费电子、智能硬件、家居智能化设备等领域的企业，由于技术和产品更新迭代速度快，进入跨境电商平台能够迅速吸引海外技术爱好者和消费者。这些企业的产品通常有较强的差异化竞争力，跨境电商能够帮助其迅速测试市场反应、调整产品定位，并利用全球化的平台来进行更广泛的市场拓展。

（4）文化创意与艺术品企业

随着全球文化交流的增多，具有独特文化特色的艺术品和创意产品也成了跨境电商的热门商品。例如，传统工艺品、艺术作品、定制商品等具有鲜明文化特色的产品，通过跨境电商可以吸引全球消费者的兴趣。

企业如果能够借助电商平台拓展全球文化市场，就能够有效地消除传统贸易中存在的距离、语言、文化壁垒，直接接触到全球文化爱好者和艺术收藏者，进一步提升品牌价值。

2. 跨境电商企业需具备的关键条件

虽然跨境电商为许多企业提供了潜在机会，但并非所有企业都有能力在这一领域成功立足，以下是跨境电商企业需具备的几个关键条件。

（1）具有国际化视野和战略布局

跨境电商的核心是全球化，企业必须认识到，进入跨境电商市场不仅仅是单纯的销售渠道拓展，而是需要在产品、营销、物流、客服等多个方面做出系统性的布局和调整。

因此，具有一定国际化经验、已经在多个国家和地区拥有品牌影响力或销售经验的企业，往往能够更顺利地开展跨境电商业务。

（2）产品具有竞争力和差异化优势

企业需要拥有在全球市场中具有竞争力的产品，这些产品可能具备创新性、独特性、较强的品牌效应，或是有其他的竞争优势（如更高的性价比、专利技术、定制化服务等）。

若企业的产品具备明显的差异化优势，能够满足某些市场的特定需求，那么就具备了进入跨境电商市场的竞争力。

（3）具有良好的供应链和物流能力

跨境电商的成功基础就是稳定的供应链和高效的物流体系，但一些中小型企业往往没有自己的全球物流体系，因此需要依赖第三方物流服务商，以解决海外仓储、国际物流配送、清关等方面的问题。

此外，企业还要能够管理跨境交易中的关税和退货等问题。

（4）具备跨境支付和风险管理能力

企业在跨境电商中需要面对的一个重要挑战就是支付和资金结算问

题。不同国家的支付体系、货币结算、税收政策等都可能影响企业的运营，出现不可预知的变化及风险。因此，企业需要具备跨境支付方面的管理能力。此外，企业需要具备一定的应对物流风险、退货风险和法律合规风险等的能力，才能确保运营的顺利进行。

（5）适应文化差异和市场本地化

不同市场的语言、文化、法律和消费行为是有一定差异的，企业需要了解目标区域消费者的购物习惯、支付偏好、产品需求等，并通过语言、营销内容、本地化客服等方式提供个性化服务。

3. 不适合立刻入局的企业

虽然跨境电商具有巨大的市场潜力，但并非所有企业都适合立即进入这一领域，以下类型的企业可能就需要先进行战略调整或等待更合适的时机。

（1）资金和资源不足的小企业

跨境电商在平台费用、物流成本、市场推广等方面需要较大的资金投入，资金和资源有限的小型企业贸然进入跨境电商领域可能会面临较大的财务风险。

（2）缺乏产品创新和竞争力的企业

产品的独特性、创新性是跨境电商成功的重要前提，如果企业的产品缺乏竞争力、没有明显的差异化优势，即便是进入了跨境电商市场也不容易获得消费者的关注和认可。

（3）市场经验不足的企业

对于没有国际化市场经验或跨境电商经验的企业，贸然进入可能会面临很大的挑战。这类企业需要具备一定的市场研究能力和跨国经营经验，才能在全球市场中站稳脚跟。

总体来说，跨境电商为许多具有竞争力和创新力的企业提供了丰富的机会，特别是那些有出口潜力、强大品牌影响力、技术优势以及国际化视野的企业。

当然，随着跨境电商市场的不断成熟，进入这一领域的门槛也在逐步降低。未来，希望越来越多的企业能够通过跨境电商实现全球化布局，开拓国际市场，实现长期可持续发展。

1.5　跨境电商需要避开的那些坑

在迈入跨境电商市场的征途中，无论是初出茅庐的新手，还是久经沙场的老将，都会面临各种挑战和陷阱。接下来，我们将深入探讨跨境电商中常见的问题，并提供相应的规避建议，以帮助企业在全球化浪潮中站稳脚跟。

1. 忽视深入市场调研的必要性

许多企业在初入跨境电商领域时，往往会因对海外市场缺乏深入了解而高估自身产品的全球吸引力。即使某件商品在国内市场大获成功，但在进入国际市场时，企业也必须面对不同国家的消费需求、行为模式等多种差异。

要规避此类问题，企业首先应进行细致的市场调研，涵盖目标市场的消费需求、竞争格局、消费习惯及文化差异等。具体步骤包括分析消费者购买趋势、研究当地竞争对手以及了解目标市场的文化和法律背景等，这种详尽的市场调研可以帮助企业在新市场中获得立足之地，并有效地规避风险。

2. 忽视产品定位、定价策略和市场推广

在跨境电商领域，产品定位、定价策略和市场推广的成功与否直接影响着企业的竞争力和市场表现。即便某款产品在国内市场中表现出色，但若未能适应目标地区的市场需求、消费者偏好与购买力，往往也

会面临挑战。

（1）产品定位

例如，在一些环保意识较强的国家，消费者往往更加关注产品是否符合环保标准，此时，企业需在产品生产过程中加入可持续性元素，如使用环保材料、减少能源消耗等，从而提升产品的市场接受度。

（2）定价策略

不同国家的消费水平与市场结构差异巨大，企业应在进入新市场前考虑到当地消费者的购买力与消费习惯。定价不仅仅是反映成本和利润的简单计算结果，更需要综合考量物流成本、关税政策、竞争对手价格等多重因素。

（3）市场推广

进行市场推广时还需要结合当地的流行趋势和消费热点，精准定位产品的卖点和优势，不仅能够吸引消费者的注意，还能增强品牌的国际影响力。

3. 忽视跨境物流及供应链管理的挑战

在跨境电商的运营中，物流与供应链的高效运作及管理是企业能够成功拓展国际市场的关键因素之一。然而，许多企业在快速扩展时忽视了这一环节，导致物流成本居高不下、发货延迟、客户体验差，从而对品牌造成负面影响。特别是当订单量大幅增长时，若没有建立稳健的物流体系与高效的供应链管理，企业将面临严峻的挑战。

因此，跨境电商企业必须在全球化的供应链布局中做出精准选择。例如，使用海外仓储是一种有效的解决方案，它能够显著缩短交货时间，提升客户的购物体验，并且减少物流中的不可控因素。

跨境退货和售后服务的管理也是一个非常重要的方面，由于不同国家的消费者在购买决策中可能会受到退货政策的影响，企业必须提前制定合理且便捷的退货流程，以提升消费者的购买信心。跨境退货涉及复杂的物流、关税和跨境清关等问题，因此，企业应确保退货流程的高效性和透明度，以减少客户因退货流程烦琐或延误产生的负面情绪。

4. 忽视支付方式的多样化需求

跨境电商运营中，适配目标市场的支付习惯是提升消费者购物体验的关键。在某些国家，信用卡的普及程度较低，当地消费者可能偏向使用移动支付、电子钱包等，如果支付方式设置不当，可能造成订单流失。

因此，企业要全面了解当地支付习惯，针对不同国家提供本地化的支付解决方案；利用第三方支付平台简化支付流程，降低风险；确保支付渠道的安全性，以保护消费者的敏感信息。

5. 未充分重视客户服务及文化差异

在国际市场中，客户服务的本地化与文化差异的敏感性至关重要。尤其是在语言不通、文化不一的背景下，若忽视这些差异可能严重影响顾客体验及品牌形象。

此外，快速响应和高质量的解决方案也是关键。通过优化客服流程，提升解决问题的效率，企业能提高顾客的满意度与对品牌的忠实度，从而在激烈的国际竞争中脱颖而出。

6. 忽视法律合规风险的挑战

在跨境电商的全球化运营中，法律合规问题是不可忽视的关键挑战，企业往往需要通过提前筹划、合法合规经营来避免法律风险，增强品牌的国际信任度，从而为长远发展奠定坚实基础。

（1）了解目标市场的法律框架

企业必须在进军新市场前，详细研究和理解目标市场的法律框架，特别是当地针对电子商务的法规。例如，在一些国家，消费者的退换货权利受到严格保护，如果电商企业没有明确的退货政策或未能提供符合标准的产品，可能会面临法律诉讼或市场禁入。

（2）知识产权风险

企业需要确保其产品在设计、制造、包装及推广过程中没有侵犯他人的专利、商标或版权。而对于自己的品牌和技术，企业也应采取积极措施进行保护，如在不同市场中申请注册商标或专利保护，避免侵权纠纷影响企业的全球扩展。

（3）税务合规风险

税务合规也是不可忽视的重要内容。很多国家已经开始对跨境电商实施更为严格的税收规定，未按时缴纳税费或未能遵守当地的申报流程，可能会导致高额罚款或失去经营资格。

通过提前筹划、合法合规经营，企业不仅能避免法律风险，还能增强品牌的国际信任度，从而为长远发展奠定坚实基础。

7. 对单一平台依赖过重

过于依赖如亚马逊或易贝这样的单一平台是企业面临的又一个风险点，如若遇到平台政策变化，企业的销售可能会受到重大冲击。企业应使其销售渠道多元化，可在多个平台同时扩展业务，或建立独立的网站以分散风险，确保营收的多样性和稳健性。

上述内容只是常见问题中的一部分，虽然看似简单，却在很大程度上决定了企业能否在全球市场中稳健长存，因此需要跨境电商企业高度重视。

跨境电商巨头之一——亚马逊

第2章

2

2.1 亚马逊的历史与全球扩展策略

亚马逊的成功是一个典型的创业传奇，它不仅是一家电子商务公司，更是奠定全球零售格局和跨境电商生态系统的先驱者。

从1994年创立之初的书籍零售平台，到如今几乎涵盖所有消费品类的全球性电商巨头，亚马逊的发展历程充满了战略远见与创新实践。尤其是在全球扩展方面，亚马逊展现了其出色的市场洞察力和前瞻性的商业布局，使其能够快速占领多个国家和地区的市场份额，成为跨境电商的领军企业之一。

1. 亚马逊的创业与早期扩张

亚马逊的创立背景需要追溯到1994年，当时杰夫·贝索斯在美国华盛顿州创立了这家公司，最初的目的是建立一个能够在线销售图书的电子商务平台。创始人贝索斯的想法源自他对互联网潜力的独到认识，他意识到随着互联网的普及，传统零售行业将面临巨大的变革。

最初，亚马逊只是一个小型在线书店，然而贝索斯并没有满足于此，他很快将对公司的愿景从"全球最大的在线书店"转变为"全球最大的在线零售商"，这一战略决策为亚马逊后来的多元化发展奠定了一个坚实的基础。

1995年，亚马逊正式上线，通过创新的在线购物体验、丰富的图书选择和用户友好的界面设计，亚马逊在短时间内就吸引了大量的消费者。

1997年，亚马逊成功上市，成为一家公开交易的公司，这标志着其商业模式得到了资本市场的认可。然而，亚马逊并未停留在单一的书籍销售业务上，而是迅速扩大其产品线。

1998年，亚马逊率先开启电子产品销售业务，其后向影音、家居、玩具、服饰等领域延伸，逐步构筑起庞大的商品类别体系。

到了21世纪初，亚马逊的商业帝国开始初现雏形，并进入了全球化扩张的战略规划阶段。

2. 全球化战略的制定与执行

亚马逊的全球扩展并非一蹴而就，而是经历了精心策划和严格执行的过程。其全球化战略主要体现在以下几个方面，如图2-1所示。

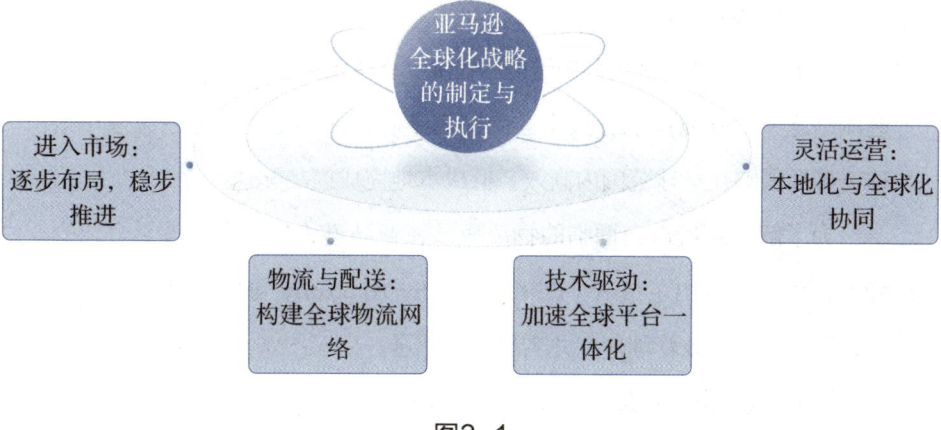

图2-1

（1）进入市场：逐步布局，稳步推进

亚马逊的国际化进程从1998年开始：1998年，亚马逊进入了英国市场，接着进入德国市场，之后逐步覆盖到更多的欧洲国家。通过依托强大的品牌效应、差异化的定价策略以及本土化的客户服务，亚马逊在进入这些市场时，成功地抢占了初期的市场份额。

2004年，亚马逊正式进入中国市场，这是亚马逊全球扩展的一个重要环节。中国作为全球最大的电商市场之一，自然而然吸引了大量跨境电商企业。尽管亚马逊在中国市场遇到了阿里巴巴等本土电商巨头的激烈竞争，但它通过其跨境电商平台引入全球商品，同时依托"全球采购"的优势逐渐吸引并稳固了一部分高端用户群体。

除了中国，亚马逊在印度、澳大利亚、墨西哥、日本等新兴市场也取得了显著成果，这些市场中的年轻人群、增长潜力和逐步扩展的互联网普及率，使得亚马逊能够在全球范围内稳步发展。

（2）物流与配送：构建全球物流网络

在电商行业中，物流是决定用户体验的关键因素之一，而亚马逊正是通过大规模的物流投资和技术创新，建立了世界上最为庞大的物流配送网络之一。从仓库、分拨中心到配送中心，亚马逊的物流系统遍布全球，确保能够在全球范围内高效、低成本地完成商品配送。

为了解决跨境电商面临的物流瓶颈，亚马逊不仅投资建设了全球的物流设施，还推出了FBA（Fulfillment by Amazon，亚马逊物流）等服务，帮助卖家高效管理库存并实现快速配送。

（3）技术驱动：加速全球平台一体化

亚马逊的核心竞争力还体现在技术创新上，它将技术研发作为企业发展的重要推动力，并不断通过技术来推动其全球化业务的实现。

例如，亚马逊凭借AWS（Amazon Web Services，亚马逊云计算平台），为其全球电商业务给予强劲的技术支撑，让不同国家和地区的亚马逊平台在数据存储、网站效率和用户体验上维持一致。

此外，亚马逊还运用大数据及人工智能技术，借助个性化推荐、智能搜索等方式优化消费者购物体验，并依靠精准的市场分析对产品供应链与定价策略予以调整。

（4）灵活运营：本地化与全球化协同

虽然亚马逊基本的服务理念和技术平台在全球范围内是统一的，但在进入不同国家和地区时，亚马逊根据本地市场的文化、消费习惯、法规政策等方面做出了详细的调整。

例如，在中国，亚马逊提供了中文界面、支付宝支付等本地化服务；而在日本，亚马逊则推出了日文界面和本地化的商品销售策略。

亚马逊的这种跨国一体化和本地化运营灵活结合的模式，帮助其在不同市场间实现了协同效应，使其能够在全球电商市场中占据领先地位。

3. 全球扩展中的挑战与解决方案

尽管亚马逊的全球扩展战略取得了显著成果，但在这一过程中，它也面临了许多挑战。例如，在欧洲，亚马逊因其市场份额过大而遭遇反垄断调查；在印度，由于政府对外资电商政策的限制，亚马逊不得不调整其商业模式。

此外，本土竞争对手的强势反击也是亚马逊全球扩展的一大挑战。例如，在中国，亚马逊遭遇了阿里巴巴和京东的强劲竞争；而在印度，Flipkart等本土电商企业也给亚马逊带来了较大的市场压力。

面对这些挑战，亚马逊采取了灵活的应对策略，如加强与本土政府、企业的合作，调整市场进入方式，甚至通过收购和投资本土企业来加快市场渗透速度。

2.2 亚马逊平台的核心特点与服务优势

亚马逊的成功不仅依赖其强大的全球化扩展战略，还源于其平台本身所具备的核心特点和服务优势。这些特点和优势使亚马逊在复杂的国际市场中脱颖而出，成为许多跨境电商企业和卖家的首选平台。

1. 平台全球化布局：多语言、多货币与多市场支持

与其他电商平台相比，亚马逊不仅在众多国家和地区设有自己本地化的站点，提供多语言、多货币支持，还致力于打破跨国购物的语言和支付壁垒。

这种全球化的布局，让亚马逊的卖家能够在不同行业、不同国家的市场，利用同一个平台的基础设施开展全球化电商业务。尤其是对于跨境电商卖家而言，亚马逊的多币种结算功能大大降低了外汇交易的复杂度和费用。

此外，亚马逊的全球站点支持多个国家和地区的市场，这使得卖家能够轻松地将产品销售到全球消费者手中。例如，卖家可以在美国、德国、日本、英国等多个市场开设账户，并直接管理所有市场的商品、价格、库存和订单。

2. 强大的物流和配送网络：FBA服务

亚马逊能够在全球电商领域脱颖而出，离不开其高度优化的物流和

配送网络。物流管理在跨境电商中是最为复杂的环节之一，特别是在多个国家和地区运营时，确保将商品快速、安全、低成本地送达消费者手中，成为企业成功的关键。

FBA服务是亚马逊的全方位物流方案，卖家只需将商品送至亚马逊仓库，其余如存储、包装、配送、退货处理及客户服务等事宜，皆由亚马逊统筹管理。

这种模式不仅简化了卖家的运营管理工作，还有效地解决了跨境电商过程中常见的物流难题，如库存管理、海关清关等，节省了大量的时间和成本，有效地提升了物流效率。

FBA的优势不仅在于提升物流效率和减少卖家的运营负担，更重要的是，它大幅改善了消费者的购物体验。消费者加入亚马逊Prime的会员，可享FBA提供的"Prime配送"服务，通常两天内送达。这既提升了消费者的满意度，又促进了重复购买。

3. 注重客户体验：个性化推荐与精准搜索

个性化推荐是亚马逊平台的重要特色之一，通过对用户浏览历史、搜索记录、购买习惯等数据的分析，亚马逊能够精确推送消费者可能感兴趣的商品。对于跨境电商卖家而言，个性化推荐系统不仅能够帮助其获得更多的曝光机会，还能精准地将产品推送给有潜在需求的消费者，从而促进销售额的增长。

此外，亚马逊的精准搜索系统也为消费者提供了极大的便利，消费者可以通过强大的搜索引擎和智能匹配算法快速找到符合自己需求的商品。无论是通过关键词搜索、分类筛选，还是根据价格、评分等进行排序，亚马逊的搜索引擎都能在海量商品中迅速定位到最符合需求的产品。

4．简化跨境交易：全球支付与结算体系

亚马逊的跨境电商业务不仅通过多语言和多货币支持来方便消费者，还通过建立强大的支付和结算体系来简化国际交易，这使得卖家能够更方便地进行跨境业务运营。

根据不同国家和地区的税收政策，亚马逊为卖家提供了自动计算和代扣代缴税款的功能，确保卖家能够轻松应对各地税法要求。这项服务大大简化了跨境电商卖家在税务合规方面的操作，减少了因税务问题可能带来的风险和复杂手续，使卖家能够更加专注于业务增长，而无须担心烦琐的税务处理过程。

5．提高品牌全球影响力：亚马逊Prime会员服务

亚马逊Prime会员服务的推出，使亚马逊迅速在多个国家和地区建立了庞大的忠实消费者群体。尤其是在美国和欧洲，Prime会员已经成为亚马逊生态系统的核心，这一群体通常有着更高的购买频率和更强的品牌忠实度。

对于跨境电商卖家来说，亚马逊Prime会员服务不仅提供了进入全球庞大市场的渠道，还有效提升了产品的销售转化率。Prime会员的忠实度和复购率，使得卖家的商品能够在竞争激烈的市场中获得更大的曝光机会。许多卖家发现，通过加入亚马逊Prime会员服务的流量池，他们的产品能够在搜索排名中获得优先展示，从而提高销量和品牌认知度。

此外，亚马逊Prime会员服务还为卖家提供了一种间接的营销工具，通过会员的口碑传播和社交互动，卖家的产品往往能够获得更多的关

注，进而在全球范围内吸引更多潜在客户。

6. 支持卖家的精准决策：数据分析与市场洞察

亚马逊提供的数据分析工具，使卖家能够更好地洞察各个市场的动态，优化商品供应链和定价策略，并通过精准的广告投放提高转化率。这些数据分析工具包括亚马逊卖家平台、亚马逊广告系统等，卖家可以通过这些工具实时跟踪店铺的销售数据、广告效果、库存状况等关键指标。特别是在跨境电商运营中，理解不同市场的消费习惯、优化定价策略和进行精准的市场定位，成为卖家成功的关键。

亚马逊作为全球领先的跨境电商平台，其成功的背后是多维度的竞争优势的综合体现。上述核心特点与服务优势使得亚马逊成为全球电商卖家实现国际化、拓展全球市场的最佳平台。在跨境电商竞争激烈的环境中，卖家如果能够利用好亚马逊平台的这一系列优势，无疑能够获得巨大的市场潜力和成长空间。

2.3 亚马逊跨境销售的流程与关键政策解析

在当下全球化的经济洪流里，亚马逊以其卓越的影响力和庞大的资源网络，为卖家搭建了一座通往世界的桥梁。借助亚马逊平台，卖家不论身处何地都可以突破地域限制，将产品展示给全球不同地域的消费者，利用平台强大的物流和营销资源，迅速拓展业务版图，开启全球化商业布局的新篇章。

然而，要想在这个充满机遇的领域取得成功，卖家必须深入了解跨境销售的流程和相关政策，如同熟练的航海者需掌握航线图和海上规则一样。

1. 跨境销售流程：精细操作的艺术

亚马逊跨境销售流程可以分为以下几个环节，如图2-2所示。

图2-2

（1）市场与平台选择：成功的起点

亚马逊覆盖全球多个国家和地区，如美国、英国、德国、法国、日本等，卖家只需要通过深入的市场调研，剖析不同国家和地区的消费趋势、市场需求及竞争态势，即可发现契合自身产品的跨境市场。

语言和文化因素是影响产品推广的重要因素，卖家最好能针对目标市场的语言和文化特点，对产品描述和营销内容进行本地化调整，使其更贴合当地消费者的心理和习惯。

此外，为了降低高昂的运输成本和缩短配送时间，卖家可以选择靠近消费者的市场，或者充分利用亚马逊的FBA服务，巧妙地避开这些潜在风险，为其销售之路清除障碍。

（2）注册卖家账户：开启跨境之门

注册亚马逊卖家账户是踏上跨境征程的关键一步，通过亚马逊的"全球开店"服务，卖家能够便捷地注册多个国家和地区的账户，就像拿到了进入全球市场的"通行证"。

在注册进程里，卖家需依平台规定，如实呈报个人或企业的详尽信息，涵盖税务信息、银行账户及信用卡信息等。这一过程需要卖家格外谨慎，务必遵守当地的税务和法规要求，任何细微的疏忽都可能在后续的经营中引发"风暴"。

对于多数跨境卖家来说，专业卖家账户是更为稳妥的抉择。其优势显著，更能满足经营所需。它就像一艘装备精良的战舰，为卖家提供了丰富的销售工具和全方位的服务支持，尤其对于那些有志于在多个市场纵横驰骋的卖家来说，是拓展业务的得力助手。

（3）产品上架与优化：吸引顾客的魔法

在产品上架过程中，图片扮演着"吸睛神器"的角色，高质量、清晰美观的图片能够瞬间抓住消费者的眼球，大幅提高点击率和转化率。亚马逊是基于SEO（Search Engine Optimization，搜索引擎优化）算法对商品进行排名的，因此商家应精准选择关键词，并将其巧妙自然地融入标题、描述和后端搜索词中，让产品在海量搜索结果中脱颖而出。

当然，合理的价格策略也是吸引消费者的关键点，卖家需要综合考虑市场竞争状况和消费者偏好来定价。此外，高评分和正面评价能极大地提升产品的销量和口碑，因此，卖家应积极鼓励客户留下好评，为产品积累珍贵的"荣誉勋章"。

（4）订单处理与物流管理：运营的核心环节

亚马逊为卖家提供了下面两种主要的订单处理方式，犹如两条不同的航道，各有优劣。

①在FBM（Fulfillment by Merchant，自发货）方式中，商品的存储、包装及配送皆由卖家自主掌控，虽需卖家投入更多心力，但赋予其更大的灵活性，适合具有自主物流能力的卖家。

②FBA方式宛如乘坐豪华邮轮，卖家把产品送至亚马逊仓库即可，后续的存储、包装与配送皆由亚马逊包揽。值得一提的是，选择FBA方式的卖家，不仅能畅享亚马逊Prime会员配送服务，提升产品曝光与销售转化率，还能大幅简化跨境物流的流程，轻松把控海外库存。

（5）售后服务与客户支持：巩固商业之基

售后服务是跨境电商这座大厦的坚固基石，亚马逊完善的客户服务体系为消费者搭建了一个安心购物的平台，同时也要求卖家时刻关注顾客反馈，及时回应客户问题，妥善处理退换货请求。

在跨境电商环境中，由于存在时差和语言差异，通过亚马逊的消息系统与消费者进行及时沟通显得尤为关键。这就像在不同文化之间搭建一座沟通的桥梁，有助于解决问题、化解矛盾，维护良好的客户关系。

2. 关键政策解析：保驾护航的规则

（1）税务政策与跨境税务合规：合法经营的底线

不同国家和地区有着各自的税务法规，就像不同海域有着不同的航行规则。亚马逊为卖家提供了必要的税务支持工具，帮助卖家在这片复杂的"税务海洋"中顺利航行。

在欧洲，VAT（Value Added Tax，增值税）是卖家不可回避的重要税种，需依销售额精准缴纳，亚马逊通常会为卖家提供VAT注册与申报服务以作协助。而在美国，各州销售税的规定都存有差异，卖家可以借助亚马逊所提供的自动计算销售税工具计算，以保障合法纳税，规避税务风险。

（2）定价与国际定价政策：平衡的艺术

亚马逊的定价政策是跨境销售中的重要指南，卖家的定价不仅要符合各国市场的需求，还要具有竞争力，如同在钢丝上行走，需要保持微妙的平衡。

在不同市场之间，卖家的定价应当灵活调整，避免出现同一商品在不同市场价格差异过大的情况，否则可能会被视为不公平竞争，引发账户风险。这就像一场复杂的棋局，每一步都需要深思熟虑，以确保在满足消费者需求的同时，实现自身的盈利目标。

（3）亚马逊全球开店政策：拓展全球业务的利器

亚马逊的全球开店政策为卖家提供了在全球范围内开设多个店铺的便捷通道，同时配备了多语言、多货币的支付体系，极大地简化了跨境交易的结算流程，就像为卖家配备了一套先进的全球贸易"装备"。

但是，卖家在不同市场开设店铺时，必须严格遵守其相应的法律法规。卖家需要深入了解目标市场的法律要求，避免因违规而受到平台的处罚，确保全球业务的稳定发展。

（4）产品合规与知识产权保护政策：不可逾越的红线

亚马逊对侵犯知识产权的行为秉持零容忍的态度，一旦发现卖家销售侵权商品，将会采取严厉的制裁措施，包括暂停账户运营、罚款甚至法律诉讼等。

卖家必须确保所售产品符合目标市场的法规要求，特别是对于一些特殊产品，如食品、儿童玩具、电子产品等，可能需要特定的安全认证。这就要求卖家在产品采购和销售过程中，进行严格的质量把控和合规检查，必要时还需要准备适用于不同市场的检测报告。

（5）账户与绩效管理政策：持续发展的保障

亚马逊对卖家的绩效有着严格的评估体系，会根据卖家的售后服务质量、订单取消率、发货及时率等多项指标对其进行综合评价，衡量其运营水平。卖家需要时刻保持良好的绩效水平，定期检查"卖家绩效"报告，根据反馈及时调整运营策略，确保符合平台的运营标准。只有这样，卖家才能在亚马逊这个大舞台上持续发展，不断拓展业务。

亚马逊跨境电商平台为卖家打开了一扇通往全球市场的大门，但要在这个充满机遇与挑战的领域取得成功，卖家必须深入理解并严格遵守平台的跨境销售流程和政策，如同勇敢的航海者在环境复杂的海域航行，只有掌握了正确的航线和规则，才能乘风破浪，驶向成功的彼岸。

2.4 亚马逊成功的跨境电商案例分析

近年来，小米通过亚马逊这一全球最大的在线零售平台成功打入欧美市场，尤其在智能手机、智能家居等品类上取得了显著的市场份额。当然，小米的成功并非偶然，接下来让我们一起学习它的成功之道。

1. 利用FBA系统：高效的物流与本地化服务

采用FBA系统对于小米来说，极大地提高了其跨境电商业务的运营效率，尤其是在欧美市场的扩展中起到了至关重要的作用。

（1）全球仓库网络的支持

通过将产品存储在亚马逊的全球仓库，小米能够快速响应各个国家和地区消费者的需求。欧美市场的消费者对快速配送有较高的期望，而FBA系统使得小米能够提供两日到货甚至次日送达的服务，这种高效的物流解决方案大大提升了消费者的购物体验。

（2）简化物流和管理流程

物流和管理是跨境电商最大的难题之一，小米通过FBA将复杂的国际物流环节外包给了亚马逊，避免了直接管理跨境运输、关税和配送等环节所带来的高成本和低效率。同时，亚马逊的本地化仓储使得小米能够避免烦琐的进口清关流程，进一步降低了运营风险。

（3）增强竞争力

FBA的快速配送服务使得小米的产品在欧美市场与当地品牌竞争时具备优势。无论是购买小米的智能手机还是智能家居设备，消费者都会得到与本土品牌类似的服务体验，这对于品牌的形象建设至关重要。

2. 精准的市场定位与推广：数据驱动的广告策略

精准的市场定位是小米成功的另一个重要因素，在进入亚马逊平台后，小米并没有盲目跟风，而是根据当地消费者的需求和偏好，精心策划了产品组合和营销策略。

（1）亚马逊广告工具的使用

小米充分利用了亚马逊提供的广告工具，如SP（Sponsored Products，商品推广）和SB（Sponsored Brands，品牌推广），通过精准的广告投放将产品推荐给潜在消费者。例如，小米通过数据分析确定目标用户群体，针对不同国家和地区的消费习惯定制广告内容，以便更高效地吸引消费者。而那些专门定制的智能手机、智能家居产品等热销品类，通过广告工具也得到了较高的曝光率，从而帮助小米在亚马逊平台上快速积累了销量和口碑。

（2）优化关键词与调整竞价策略

小米通过对亚马逊平台搜索算法的深入理解，并借助其广告管理工具实时监控广告效果，优化关键词并调整竞价策略，确保了自己的产品在平台上始终处于有利的竞争位置。

（3）品类聚焦与精准定价

在选择产品线时，小米不仅依靠自身的研发优势，还根据亚马逊平台的消费数据，对欧美市场的消费趋势和需求变化进行预测。例如，智能手机、无线耳机、智能家居等产品在欧美市场中有着较高的需求，小米利用这一趋势，集中资源进行产品推广和促销，从而从激烈的市场竞争中脱颖而出。

3. 消费者口碑的积累与维护：建立品牌忠实度

小米深知，特别是在欧美市场中，消费者往往更倾向于依赖他人评价来做购买决策。

（1）积极回应客户反馈

小米在亚马逊平台上非常重视与消费者的互动，尤其是在消费者留下评价后，公司客服会主动回复，并根据反馈进行相应的改进。

（2）社交媒体与评价管理

为了提高口碑效应，小米通过社交媒体平台进行品牌营销，并鼓励满意的客户在亚马逊上留下正面评价，使其产品在激烈的市场竞争中脱颖而出。

（3）产品质量与用户体验

小米秉承"为全球消费者提供高性价比、高品质的智能产品"的理念，通过不断优化产品的功能、外观设计和质量，使消费者的购买体验得到了保障。

2.5 未来亚马逊在全球市场中的角色与发展方向

作为全球一流跨境电商平台之一，亚马逊自创建起就在电商领域多次实现技术与商业模式的创新，并逐渐成为全球零售、物流及科技领域的重要引领者。其庞大的用户基础、全球化的供应链体系、智能化的技术平台，以及持续扩展的市场影响力，使得亚马逊的未来发展备受关注。

1. 亚马逊在全球市场中角色的演变

亚马逊的发展历程可被视为一个逐步从零售平台转型为"全球商业生态系统"构建者，并持续不断地在全球商业舞台上进行深度布局的过程。

（1）全球零售与电商平台的统治者

全球消费者对线上购物的依赖程度正与日俱增，这种趋势在新兴市场和发展中国家表现得尤为显著。在这样的大环境下，亚马逊凭借其卓越的实力和优势，有望持续稳坐全球电商领域的头把交椅。

根据专业机构的预估，到2030年，全球电商市场规模将会有望冲破8万亿美元。在这样的市场大爆发背景之下，亚马逊犹如一艘商业巨轮，凭借其长期积累的品牌影响力、先进的技术架构、高效的物流配送体系以及卓越的客户体验，其市场份额极有可能会向着更高的层次攀升。

（2）数字技术创新的先锋

亚马逊不仅仅是一个电商平台，它的技术能力也是其未来全球市场角色的重要支撑。特别是在AI（Artificial Intelligence，人工智能）、机器学习、自动化技术、云计算等领域的突破，亚马逊将继续成为全球数字化转型的推动者。其AI驱动的推荐引擎、Alexa智能助手以及无人仓储机器人之类的创新技术，会深远地作用于全球消费者的购物行为以及零售商的运营模式。

（3）物流与供应链全球枢纽

未来，随着亚马逊不断增加在全球多个国家和地区的仓储布局，以及物流技术（如无人机配送、自动化仓库等）的发展，亚马逊将进一步巩固其在全球物流与供应链管理方面的主导地位。

2. 亚马逊未来的战略方向

（1）深化国际化布局，进入新兴市场

尽管亚马逊已经在全球多个主要市场中取得了显著成就，但在一些新兴市场（如印度、东南亚、非洲等地区）中的渗透率仍然较低。未来，亚马逊会加快在这些市场中的拓展步伐，特别是印度市场，亚马逊宣称将斥资数十亿美元来提高自身在印度的市场占比。

此外，东南亚和非洲地区的电商潜力巨大，亚马逊未来可能会通过并购、合作等方式加速在这些地区的市场开拓。

（2）增强B2B和全球供应链服务

未来，随着全球中小企业对数字化采购的需求不断增加，亚马逊将进一步深化其B2B业务，借助其强大的云计算基础设施和电商平台，提供更加智能化、定制化的企业解决方案。

（3）全面推进智能零售和无接触商业模式

随着5G、物联网、人工智能等技术的演进，智能零售与无接触商业模式势必成为未来电商的关键趋势，引领行业的新发展。亚马逊在此领域早有前瞻性部署，如推出的无人零售店Amazon Go等，在全球范围内引发了广泛的瞩目。

未来，亚马逊可能会在更多城市和国家扩展无接触零售业务，通过VR（Virtual Reality,虚拟现实）、AR（Augmented Reality，增强现实）等技术提升购物体验，并通过无人机、自动驾驶车辆等新型物流方式，加速推动快速配送的实现。

（4）进一步提升AWS和云计算服务

AWS不仅仅是亚马逊电商平台运营的核心基础设施，更是全球各行各业数字化转型的关键技术支持。例如，AWS凭借提供如零售、医疗、金融等领域的行业特定解决方案（云服务），得以进一步巩固其在全球云计算市场中的领导地位。

未来，因大数据、人工智能、物联网与边缘计算等新兴技术的发展，AWS将不断拓展技术领域，推出更智能灵活的云服务，从而满足各行业和区域的多元需求。

（5）加强可持续发展与社会责任意识

随着全球消费者对环保和可持续性问题的关注日益增加，亚马逊也意识到企业社会责任在其长期发展中的重要性。

未来，亚马逊将进一步加强可持续发展战略，在其全球供应链和物流体系中推广绿色技术和环保材料。例如，在产品包装、运输工具、电动配送车等方面，亚马逊都将不断创新，以减少碳足迹。此外，亚马逊还会拓展其在全球范畴内的社会公益项目，如教育、数字技术的普及等，借此提升品牌形象，赢得消费者的长久信赖。

3. 亚马逊面临的挑战与应对策略

亚马逊目前面临的挑战主要有以下几个方面，如图2-3所示。

图2-3

（1）全球竞争加剧

除了我国的阿里巴巴、京东，欧洲的易贝，印度的Flipkart等，许多地区的本土电商平台也正在崛起。例如，我国的拼多多等平台也在全球电商领域展开了攻势，并呈现出迅猛的发展势头。为应对诸般竞争，亚马逊必须强化在技术创新、用户体验以及定制化服务等层面的优势。

（2）政策与法规风险

亚马逊需要积极应对各国政府的政策变化，确保合规经营，避免因政策变化导致的市场风险。

（3）物流与配送的成本压力

亚马逊需要持续优化物流网络，提升自动化程度以降低成本，并同步提高配送效率。

（4）消费者需求的变化

随着消费者对个性化、定制化和创新体验的需求不断提升，亚马逊需要更加灵活地调整产品供应链，推出满足消费者需求的新产品和新服务。

未来，从巩固传统零售市场、拓展新兴市场到引领智能零售和云计算创新，亚马逊的全球战略布局仍将不断推进。在面临竞争与挑战的同时，亚马逊将依托技术创新、强大的供应链体系和客户服务，保持其在跨境电商领域中的领导地位，进一步拓展其在全球市场中的影响力。

跨境电商巨头之二——易贝

第3章

3

3.1 易贝的市场定位与全球影响力分析

作为全球知名的跨境电商平台之一，易贝于1995年创立。凭借独树一帜的商业模式与广泛的全球用户群，它在电商领域斩获了显著的市场地位。与其他电商巨头如亚马逊、阿里巴巴等不同，易贝通过将竞价拍卖和固定价格销售结合的销售方式，打造了一个多元化、灵活的交易平台，尤其在跨境电商领域拥有显著的影响力。

1. 易贝的市场定位

易贝的市场定位可以从其业务模式、用户群体和服务特色等方面进行详细分析，如图3-1所示。

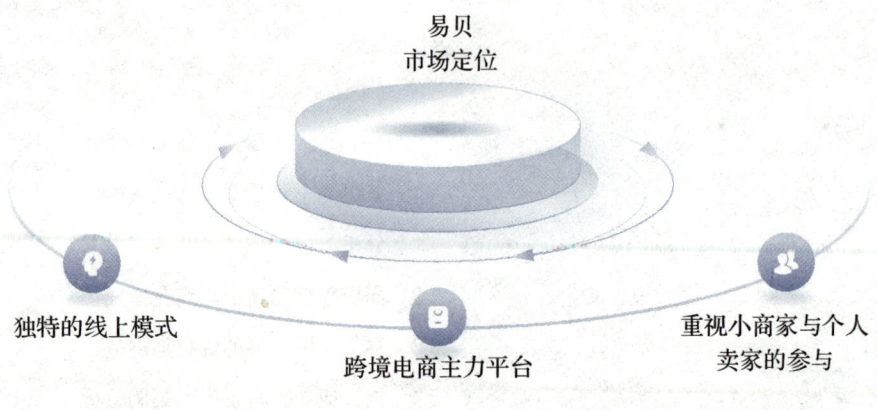

图3-1

（1）独特的线上交易模式

易贝最初的市场定位基于其独有的拍卖式交易模式，正因如此，它得以与亚马逊等以零售为导向的电商平台区分开来。早期，易贝凭借拍卖模式将全球买家与卖家相连，让消费者能以竞拍的方式选购商品，构建起独特的交易模式。这一模式在当时具有很大的吸引力，因为它不仅提供了多样化的商品种类，也赋予了消费者更多的主动权和选择空间。

随着电商市场的演变，易贝逐步调整其市场定位，把拍卖与固定价格销售相融合，拓宽了产品的交易途径。这一转型非但未动摇其全球领先的线上交易平台的地位，反倒强化了平台的多元竞争力，更能满足各类消费者的多样需求。

（2）跨境电商主力平台

易贝绝非简单的本土化电商平台，而是国际化的电商企业，尤其在跨境电商领域影响力甚为显著，堪称翘楚。作为跨境电商的关键平台，易贝让全球卖家得以轻松地将商品售往世界各地，让消费者也能在全球范围内随心选购商品。

（3）重视小商家与个人卖家的参与

与一些大型电商平台偏向大企业和品牌商不同，易贝从一开始便注重对小商家和个人卖家的扶持，提供了一个相对公平的市场环境。无论是大型企业还是个人卖家，都能在易贝平台上借助易贝的流量和平台技术，突破地域和资源的限制，实现全球交易。这种模式不仅为个人卖家提供了更多机会，还增强了平台的多样性，进一步巩固了其在全球市场中的地位。

2. 易贝的全球影响力

（1）全球用户基础

截至目前，易贝在全球范围内拥有超过1.5亿活跃用户，覆盖超过190个国家和地区，这一庞大的用户基础使易贝能够在全球范围内保持强大的市场竞争力。

其中，跨境电商是易贝增长的关键驱动力之一。据统计，易贝的跨境交易在其整体交易中占据了重要比例，尤其是在欧美、亚太和拉丁美洲等地区，易贝都拥有相当高的市场份额。

（2）强大的品牌影响力

作为首批全球跨境电商平台之一，易贝早期就已经凭借持续的广告推广、创新的服务功能及独特的市场定位，在全球范围内赢得了高度认可。尽管近些年来亚马逊等平台崛起，但是易贝的品牌影响力仍颇为深远，在全球电商市场中依旧保有其重要地位，依然是不少商家和用户的主要选择。

（3）丰富的商品类别和多元化市场

易贝平台的商品丰富多样，包含电子产品、时尚服饰、艺术品和家居用品等，既有二手货，也有奢侈品，能满足各类消费者的不同需求。易贝得益于其平台上商品的多元性，顺利地在全球市场中占据极强的竞争优势。

除此之外，易贝还凭借与国际物流公司及支付平台的携手合作，再度拓展了其跨境电商的服务范畴。例如，易贝与PayPal的合作使得跨境支付变得更加便捷，同时与DHL、FedEx等物流公司合作，提高了跨境物流的效率和可靠性。这些合作进一步增强了易贝在全球市场中的竞争力。

（4）易贝在新兴市场中的扩展

除了欧美市场外，易贝在亚洲、拉丁美洲等新兴市场中的拓展也显得尤为重要。近年来，易贝在这些地区加大了对平台本地化的投入，推出了针对特定市场的定制化服务。

例如，在中国、印度等国家，易贝凭借与当地物流及支付平台的协作，提高了跨境电商的便利性。同时，易贝还非常注重对中小型卖家的培育，助力其触及更多国际消费者，从而进一步夯实了易贝在新兴市场中的影响力。

3.2 易贝平台的特点与商业模式

不同于其他传统零售电商平台，易贝凭借灵活的销售模式、全球化的交易架构以及对小商家与个人卖家的大力支持，塑造出独特的商业生态。

1. 易贝平台的核心特点

易贝平台的成功不仅得益于其独特的商业模式，还来源于其平台特点的不断演化和优化。其核心特点包括以下几个部分，如图3-2所示。

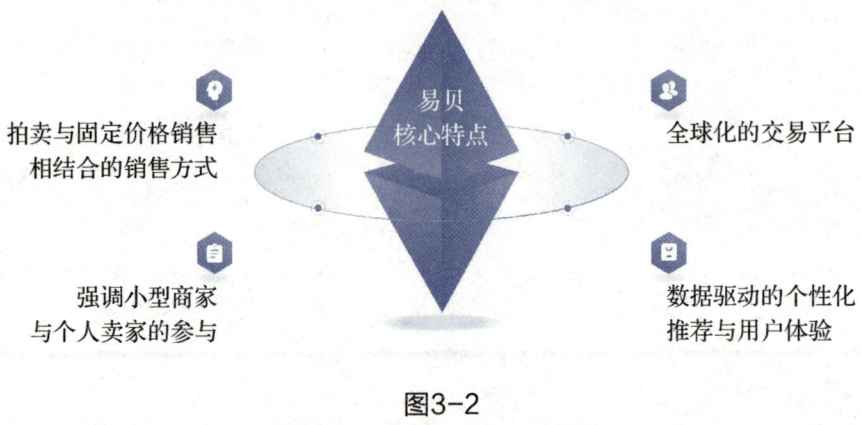

拍卖与固定价格销售相结合的销售方式

易贝核心特点

全球化的交易平台

强调小型商家与个人卖家的参与

数据驱动的个性化推荐与用户体验

图3-2

（1）拍卖与固定价格销售结合的销售方式

易贝的显著特征为拍卖与固定价格销售结合的双重模式，起初，它以拍卖模式为核心，卖家借此拍卖商品，消费者能够参与竞标购买。拍卖模式为消费者带来了更高的购买动力，因为他们能够以较低价格获取商品，尤其是对于稀缺商品和二手商品，拍卖模式成了极具吸引力的交易方式。

随着市场的演进，易贝又推行了固定价格销售模式，让交易方式更具灵活性。这一模式使卖家能够通过设定固定价格直接销售商品，消费者可以快速做出购买决策，避免了竞拍过程中时间延误和价格波动的风险。

（2）全球化的交易平台

易贝是典型的全球化电商平台，其涵盖190多个国家和地区，活跃用户超1.5亿，影响很广泛。与其他跨境电商平台相比，易贝更注重全球市场的布局，尤其是通过支持多种语言、多种货币、多种支付方式，大大降低了国际交易的门槛。

易贝不仅帮助跨境卖家打开了全球市场，也通过其全球化的物流体系、跨境支付解决方案以及与本地化商家的合作，确保了买卖双方在交易过程中的便利和安全。

（3）强调小型商家与个人卖家的参与

与一些大型电商平台更侧重于品牌商和大型零售商不同，易贝始终强调对小型商家和个人卖家的支持。从易贝的业务初期开始，平台就为个人卖家和小型商家提供了丰富的创业机会。通过简单的注册流程和低门槛的费用结构，个人卖家和小型商家能够快速在平台上开设店铺，展示他们的商品，并通过平台的流量和曝光获得销售机会。

此外，易贝为卖家提供多样的支持服务，涵盖跨境物流、全球支付支持、营销工具及数据分析等，助力卖家削减运营成本，提高跨境电商业务效率。这种对中小型卖家的支持不仅推动了平台上的商品多样性，也在一定程度上强化了易贝平台的竞争力，使其能够在市场中与大型电商平台竞争。

（4）数据驱动的个性化推荐与用户体验

易贝平台采用先进的数据分析技术，通过对用户行为、交易数据、搜索偏好等信息的深度挖掘，向消费者推荐最符合其需求的商品。

例如，当用户用易贝进行某一商品的搜索时，平台会依据其历史购买记录、浏览偏好以及其他相似用户的行为模式，为其推荐相关产品。此外，易贝还通过评价系统鼓励用户分享购物体验，进一步提升了用户的互动性和信任度。

2. 易贝的商业模式

易贝的商业模式是一种以交易费用为主要收入来源的模式，结合了支付服务、广告等多元化的收入渠道，如图3-3所示。

图3-3

以下是对易贝商业模式的详细分析。

（1）交易费用为主要盈利来源

易贝的核心盈利模式是通过平台上买卖双方的交易收费，这些费用主要来源于两部分：卖家支付的上架费用和交易成功后的成交费用。易贝对卖家收取的交易费用，依商品类别、销售价格与卖家会员等级而异，一般为5%~10%。对于高价值的商品，易贝的交易费也相应较高。

在固定价格销售与拍卖销售模式中，易贝凭借收取交易手续费获取收益，这是其核心的盈利途径。此外，易贝还针对不同的卖家提供了高级会员服务，卖家可通过付费获得更多的展示机会、更高的曝光率和更多的营销工具。

（2）PayPal与支付服务的联动

早期，易贝将支付平台PayPal收入囊中，其支付解决方案遂成为商业模式中至关重要的一环。借助PayPal，易贝不仅为全球买家提供了更安全、便捷的支付途径，也为卖家简化了结算流程。

PayPal不但提升了易贝平台支付的安全性及跨境交易的顺畅度，而且为易贝开拓了新的盈利渠道，凭借收取支付手续费、跨境汇款费等途径，为易贝带来了颇为可观的收益。

（3）广告收入与增值服务

除交易费用外，易贝借由平台的广告服务，进一步拓展其收入渠道，此举不仅增加了盈利空间，还为其发展注入新活力。卖家可购置广告位，也可选用推广服务，借此增加自家商品的曝光率，使其能更广泛地被大众知晓。易贝通过展示广告、搜索广告等形式，让卖家的商品能够在平台内外获得更多的曝光，并进一步提升平台的收入。

此外，易贝还通过提供一系列增值服务来盈利，如数据分析工具、卖家培训、广告投放等。这些服务可以帮助卖家提高销售业绩，提升平台的用户黏性。凭借这些增值服务，易贝不仅助力卖家提升业绩，还拓展了平台的收入渠道。

（4）扩展国际市场的本地化服务

易贝通过提供本地化的语言界面、货币结算、支付方式及物流解决方案，为全球卖家和消费者提供了更便捷的跨境电商服务。

3. 易贝商业模式的创新与挑战

虽然易贝的商业模式在全球取得成功，但是随着电商领域的竞争日益激烈，其面临的挑战也越来越多。例如，亚马逊、阿里巴巴等电商巨擘的崛起，给易贝的市场份额带来了威胁。

为了应对这些挑战，易贝在不断优化现有模式的同时，也在尝试商业创新。例如，易贝大力推进人工智能、大数据、区块链等技术的应用，进而显著提升平台的智能化水平与用户体验。此外，易贝还在积极扩展更多的垂直领域，如二手商品、收藏品、奢侈品等，通过差异化竞争保持平台的优势。

3.3 易贝跨境交易的优势与挑战

作为全球领先的跨境电商平台之一，易贝在全球市场中占据了不可忽视的地位，这与其在跨境交易领域的优势是分不开的。然而，易贝在全球市场中的运作并非一帆风顺，也面临着不少挑战。

1. 易贝跨境交易的优势

（1）强大的全球化平台优势

易贝成立后，通过在不同国家和地区的业务布局，成功构建了一个广阔的国际化市场并始终专注于全球化的跨境电商运营。

此外，易贝通过与本地物流、支付平台的合作，提供了完善的本地化服务，使得国际买卖双方能够享受便捷的购物体验和安全的支付保障。这种全球化的交易平台优势使得易贝能够迅速吸引来自世界各地的消费者与商家，形成强大的市场竞争力。

（2）低成本的国际销售平台

与传统的零售渠道相比，易贝提供了低门槛的开店条件，个人卖家和中小企业可以通过较低的费用参与跨境电商交易。相比于开设独立电商网站或依赖第三方物流、支付服务，易贝为卖家提供了集成的销售、支付、物流解决方案，有效降低了跨境电商的成本和复杂度。

对于卖家来说，易贝的交易费用和平台佣金普遍较为合理。此外，平台向卖家提供丰富的数据分析及市场趋势报告，助力卖家精准洞悉目标市场的需求，进而拟定适配的产品策略与定价策略。

（3）丰富的商品品类与市场多样性

易贝的跨境交易品类多样，涵盖电子产品、家居用品、收藏品、二手商品等。丰富的商品种类吸引了大量有着不同需求的消费者，尤其是那些寻求特色商品、稀缺商品的买家。

此外，易贝的跨境交易平台并非仅限于传统的B2C模式，它更多支持的是C2C模式。即使是个人卖家，也能够通过平台把二手商品、古董、艺术品等出售到全球市场。

（4）安全的跨境支付与交易保障

支付与交易的安全是跨境电商的关键问题之一，易贝凭借技术沉淀以及同第三方支付平台（如PayPal）的深度协作，为全球用户提供了值得信赖的支付解决策略。这其中，PayPal作为全球最受欢迎的支付平台之一，为易贝平台提供了跨境支付服务，确保了跨境交易的资金安全和支付便利。

在跨境电商过程中，交易双方往往面临语言不通、法律不同以及文化差异等问题，易贝的交易保障机制能够有效解决这些问题，提升用户的信任度。通过这些交易保障措施，易贝建立了较为完善的消费者信任体系，进一步促进了全球用户的参与。

（5）完善的物流体系

物流是跨境电商交易中的重要一环，易贝在这方面也做了大量的投入。易贝通过与全球主要的物流公司和邮政机构合作，为卖家提供了多样的国际运输选择，涵盖了从标准运输到快递、专线运输等多种物流方式。易贝还推出了"全球物流计划"，该计划简化了卖家跨境销售的物流流程，降低了卖家在国际物流中的操作难度。

卖家仅需把商品运送至美国本土或其他指定国家的仓库，易贝就会承担后续的国际运输、海关清关及税务等事宜的处理工作。此种物流解决方案，既降低了卖家跨境销售的风险，又提升了买家的购物感受，实现了买卖双方的双重利好，促进了跨境交易的良性发展。

2. 易贝跨境交易面临的挑战

尽管易贝在跨境电商领域具有多重优势，但在全球市场的竞争中，平台仍然面临不少挑战，主要体现在以下几个方面，如图3-4所示。

图3-4

（1）竞争加剧与市场份额压力

跨境电商领域蓬勃发展，众多平台及企业竞相涌入。亚马逊、阿里巴巴等电商巨头崛起，使得易贝的市场份额面临重大威胁。尤其是亚马逊的全球化布局和强大的物流体系，给易贝造成了极大的竞争压力。

与亚马逊不同，易贝更多依赖第三方卖家和UGC（User-Generated Content，用户生成内容）来推动业务发展，这使得平台的控制力和竞争优势有所局限。并且，尽管易贝在某些市场中占有重要地位，但其在某些大市场（如中国、印度等）中的市场渗透率相对较低。

（2）跨境物流的复杂性与成本问题

虽然易贝通过"全球物流计划"等方式简化了跨境物流的操作，但跨境物流依然面临着复杂的运输流程和较高的成本。对于很多中小卖家来说，如何平衡物流成本和销售价格，依然是一个严峻的挑战。特别是在一些高价值商品的跨境运输中，物流成本和关税等费用会显著增加，卖家的利润空间会受到影响。

（3）法规与政策的多样性与复杂性

对于易贝来说，各国在税收、进出口监管、消费者保护等方面的法规和政策差异也是其在跨境电商领域遇到的一个主要挑战。不同国家和地区对跨境电商的要求各不相同，且政策更新较快，平台和卖家都需要花费大量时间和精力去适应这些变化。

（4）消费者的文化与习惯差异

尽管易贝通过完善的交易保障机制和支付系统提高了消费者的信任度，但在全球化的背景下，不同文化和语言背景的消费者对于跨境电商的接受程度仍有所不同。

消费者的文化和习惯差异，使得易贝在一些市场中的推广和运营遭遇障碍。例如，欧美和亚洲市场的消费者在商品的偏好、购物行为、支付习惯等方面存在较大差异，易贝需要根据不同市场的特点调整其营销策略和用户体验。

总体而言，易贝在跨境电商领域具备明显的优势，包括全球化的平台布局、低成本的国际销售渠道、丰富的商品品类、安全的支付系统和完善的物流体系等。然而，随着市场竞争的加剧、物流成本的上涨、跨境法规的复杂性、消费者的文化与习惯差异等问题的出现，易贝也面临着巨大的挑战。在未来，易贝需要通过创新技术、优化供应链管理、提升本地化服务等手段，进一步提升其在跨境电商领域的竞争力，以应对复杂多变的全球市场。

3.4 易贝成功的跨境电商案例分析

Tom Ford是一家全球知名的时尚品牌企业，成立于2005年，专注于设计和销售男女时尚服饰及配饰，尤其在年轻人和中高端市场中具有广泛的知名度。经过深入的市场调研，Tom Ford选择易贝作为其跨境电商平台，并通过与易贝的合作，成功地进入了亚洲市场并实现了跨境电商业务的飞速增长。接下来，让我们一起学习该品牌的成功之道。

1. 利用易贝的市场渗透力

易贝平台作为全球领先的跨境电商平台之一，其全球化的市场覆盖能力为Tom Ford的国际扩展提供了极大的支持。易贝的多国市场布局，特别是在亚洲地区的深耕，使得Tom Ford能够快速打入日本、韩国、中国等主要市场，迅速获得大量的曝光。

在进入易贝后，Tom Ford借助平台的强大流量，迅速接触到潜在的消费群体，特别是亚洲的年轻时尚群体。易贝的全球物流和支付系统使得Tom Ford的产品能够顺利覆盖到不同国家的消费者，同时，平台的多语言支持功能也帮助品牌与消费者克服了语言障碍，实现了顺畅的沟通和交易。

2. 做好产品定位与定价策略

正确的市场定位与精准的定价策略是跨境电商成功的关键。Tom Ford通过易贝平台进入亚洲市场后，采用了多元化的定价和产品策略，以适应不同市场的需求。同时，该品牌还利用易贝平台的促销工具，如限时折扣、满减等方式，刺激消费者的购买欲望。

除了定价策略外，Tom Ford还专注于产品的本地化创新。根据市场调研，该品牌发现亚洲消费者更倾向于独特和个性化的设计。因此，Tom Ford推出了一系列符合当地潮流趋势的限量版设计，提高了品牌的差异化优势。这一策略不仅成功吸引了大量的消费者，还帮助品牌迅速提升了在亚洲市场中的知名度和美誉度。

3. 优化的物流与供应链管理

跨境电商最重要的挑战之一便是如何高效管理物流和供应链，Tom Ford充分利用了易贝平台提供的全球物流解决方案，确保了从美国到亚洲的顺畅配送。易贝与全球知名物流公司合作，提供了跨国运输、清关、仓储等一系列物流服务，帮助Tom Ford大幅减少了运输时间和成本。

通过易贝的全球仓储系统，Tom Ford能够在亚洲设立仓库，直接从当地发货，进一步缩短了物流周期，并有效地提高了配送效率。此外，易贝还为卖家提供了灵活的退货和换货政策，这不仅降低了消费者的购物风险，也增加了他们的购买信心。

Tom Ford还利用易贝的仓储管理系统优化了库存控制，确保了产品的充足供应和及时配送。

4. 品牌营销与社交媒体结合

Tom Ford在易贝平台上充分利用广告投放工具，包括搜索广告、展示广告以及促销活动等方式，提升了品牌的曝光率。通过精准的广告定向投放，该品牌能够将广告投放给最有可能购买的目标群体，尤其是在亚洲市场中，进一步提高了广告投放的效益。

除了平台内的广告投放，Tom Ford还通过社交媒体与"网红"合作，借助Instagram、TikTok等平台的影响力进行品牌传播。与时尚博主、潮流明星的合作让Tom Ford获得了大量粉丝的关注，特别是在中国和韩国市场中，该品牌通过社交媒体平台与消费者进行了良好的互动与沟通，实现了粉丝忠实度的提升。

5. 本地化服务与消费者信任

跨境电商运营成功的一个关键因素在于提升消费者的信任感。Tom Ford通过易贝提供的本地化服务，大大增强了消费者的购物信心。

此外，易贝的消费者保障政策让Tom Ford的客户更加安心。例如，平台的退换货保障机制和客户支持服务为跨境购物带来了更高的透明度和安全性，帮助Tom Ford在新兴市场中建立了良好的信誉，赢得了消费者的信赖。

Tom Ford的成功经验为其他品牌进入跨境电商市场提供了宝贵的经验。Tom Ford的国际化进程展示了跨境电商成功的多个关键因素，特别是平台的全球化支持、精准的市场定位、灵活的物流管理、有效的社交媒体营销策略和良好的本地化服务。通过这些方面的运营，Tom Ford不仅实现了短期内的销量增长，还在全球时尚行业中树立了自己的品牌形象，成为易贝平台上的顶级卖家之一。

3.5 未来易贝在全球市场竞争中的策略与展望

随着新兴平台的崛起以及消费需求的快速变化，易贝必须不断调整和优化其战略，以保持在全球电商竞争中的优势地位。下面从几个方面具体分析未来易贝的策略与展望，如图3-5所示。

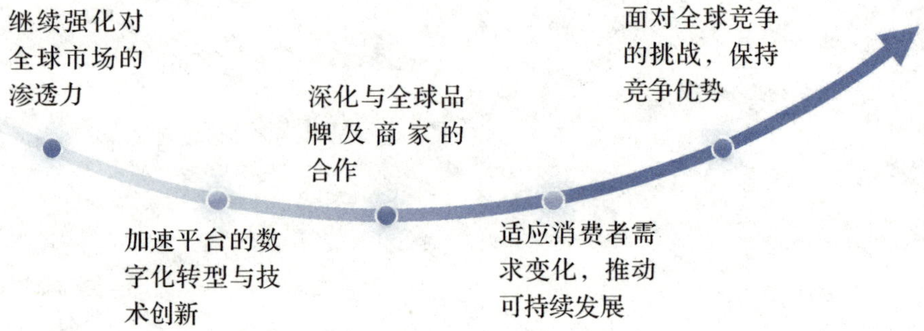

继续强化对
全球市场的
渗透力

面对全球竞争
的挑战，保持
竞争优势

深化与全球品
牌及商家的
合作

加速平台的数
字化转型与技
术创新

适应消费者需
求变化，推动
可持续发展

图3-5

1. 继续强化对全球市场的渗透力

尽管易贝在全球多个市场中都有广泛的业务布局，但在不同地区的市场渗透程度仍存在差异，尤其是在某些新兴市场中，如东南亚、拉丁美洲等地区，易贝的市场份额相对较低。未来，易贝将进一步加大在这些市场中的投入，通过优化本地化服务、加强与当地物流和支付服务商的合作以及制定适合当地消费者的营销方案，提升品牌认知度和市场占有率。

（1）深化亚太及新兴市场的布局

易贝目前在亚洲市场中，尤其是在中国和印度等市场中的表现相对较弱，面临着阿里巴巴、京东、亚马逊等竞争者的强烈压力。为应对此挑战，易贝需强化与当地商家的合作，推出更诱人的物流及支付方案，以降低消费者的购物成本，提升其购买体验。

（2）聚焦拓展"一带一路"沿线国家

随着中国提出"一带一路"倡议，易贝也有机会在这一战略中发挥重要作用。易贝借由在这些国家的物流网络构建及市场开拓，能够进一步拓展市场份额，从而为中国卖家与消费者提供更为便捷的跨境电商服务。这不仅能促进易贝自身业务在这些区域的发展，还能进一步吸引当地商家的加入，打造更为丰富的商品种类和价格体系。

2. 加速平台的数字化转型与技术创新

易贝如果希望在未来的市场竞争中占据有利位置，必须在平台的技术创新和数字化转型方面做出更多努力。通过利用先进的技术来提升平台的用户体验和运营效率，特别是在精准推荐、智能搜索、个性化定制等领域，易贝将能够更好地服务全球消费者，增强消费者的黏性。

（1）提供智能化购物服务

未来的跨境电商将更加侧重于个性化和定制化服务。基于人工智能和大数据的技术支持，易贝能够在商品推荐、搜索排序、广告投放等方面进行精细化管理。同时，借助自然语言处理技术和机器学习技术，易贝可以为消费者提供更加智能的服务，帮助消费者解决购物过程中的各种问题，从而提升用户的体验和忠实度。

（2）提升跨境物流效率

为了应对国际物流配送问题，易贝需要继续加强与全球物流公司、仓储服务商的合作，推动物流智能化。同时，易贝还可以在全球范围内建设更多的跨境仓库，优化库存管理和订单处理流程，减少跨境运输成本，为卖家和买家创造更多的价值。

（3）通过区块链提升交易透明度

区块链技术，这一去中心化的技术手段，能显著增强跨境电商交易的透明度与信任度，为其发展带来全新契机，推动行业进步。例如，区块链技术可以用来验证商品的真伪，提升消费者对平台的信任感；同时，区块链技术还可以用来处理支付和清算过程，减少跨境支付的费用和时间，提高交易的效率。

3. 深化与全球品牌及商家的合作

在未来，易贝将继续加强与全球品牌和商家的合作，尤其是在中高端商品领域。这不仅有助于提升平台的商品多样性，还能进一步巩固易贝在消费者心中的形象。

（1）加强与全球知名品牌的战略合作

通过与知名品牌合作，易贝不仅能够提升平台上的商品质量，还能够提高平台在全球消费者心中的价值。

（2）提供更多的卖家支持和资源

更多的卖家支持和资源包括优化卖家的开店流程、提供定制化的营销工具，以及帮助卖家了解跨境电商的规则和政策。

4. 适应消费者需求变化，推动可持续发展

未来，易贝需要在业务发展中更加强调可持续性，尤其是在商品来源、供应链管理、包装设计等方面。通过与绿色环保企业和供应商合作，易贝可以在平台上推广可持续产品，满足消费者对环保的需求，并在全球电商市场中树立良好的品牌形象。

（1）推动绿色供应链建设

未来，易贝可以与商家合作，推动绿色供应链的建设。例如，平台可以鼓励卖家使用环保包装，减少塑料制品的使用；同时，支持商品的环保认证，推广低碳排放的商品。通过引导平台上的卖家和消费者关注可持续发展，易贝不仅可以提高品牌的社会责任感，还能够吸引更多环保意识强烈的消费者和商家。

（2）开展绿色营销与社会责任活动

环境保护已成为全球范围内的重要议题，易贝可以通过绿色营销活动增强品牌的社会责任感。例如，平台可以组织环保主题的促销活动，推销环保产品或绿色商品；同时，可以参与全球环保项目，支持可持续发展事业。

5. 面对全球竞争的挑战，保持竞争优势

尽管易贝在跨境电商市场中占有重要地位，但面对亚马逊、阿里巴巴、Shopify等平台的竞争压力，未来的发展环境将愈发复杂。在这种背景下，易贝只有不断加强平台的核心竞争力，提升用户体验和商家服务，才能在全球市场中保持长期竞争优势。

（1）聚焦用户体验的提升

易贝需要通过不断优化其平台的搜索引擎、支付系统、物流方案等，提升消费者的使用满意度。同时，平台还需要加强客户支持和售后服务，通过高效的问题解决机制，提升用户的购物体验与忠实度。

（2）加强平台生态的多元化

易贝还可以进一步拓展其平台的生态系统，不仅限于电商交易，还可以通过内容创作者、社交电商等多样化服务来丰富其平台功能。这将有助于吸引不同需求的用户群体，提升平台的综合竞争力。

未来，易贝将通过继续深化全球市场布局、加强技术创新和数字化转型、深化商家合作、推动可持续发展等多方面的举措，灵活应对全球经济环境变化、消费趋势的转变以及技术革新的挑战，在全球跨境电商竞争中稳固其市场地位。

跨境电商巨头之三——速卖通

4

第4章

4.1 速卖通的定位、影响力与优势

速卖通于2010年创立，是阿里巴巴集团旗下的全球在线零售平台，在全球电商领域的地位与影响力持续提升。其定位绝非仅是中国供应商对外出口产品的平台，更是全球化数字贸易的关键桥梁，将中国制造商与世界各处的消费者、零售商及批发商紧密相连。

1. 速卖通的市场定位与品牌定位

（1）速卖通的市场定位

速卖通的目标用户不仅有个人消费者（B2C 模式），还包括很多中小型零售商（B2B 模式），他们常在速卖通平台采购商品然后转售或者批发。其市场跨越全球，包括美国、欧洲、俄罗斯、巴西、印度、东南亚等国家和地区。

速卖通凭借独有的供应链优势与庞大的平台规模，在全球范围内向消费者供应性价比超群的商品。速卖通的市场定位在于通过低成本、高效率的供应链运作，为消费者提供质量可控的中国制造商品，同时保持价格竞争力。

（2）速卖通的品牌定位

速卖通的品牌定位强调"全球化"和"本地化"的双重特征。速卖通通过其母公司阿里巴巴的全球化布局，使得平台从一开始就具备了广泛的国际化资源和技术优势。依托强大的跨境物流网络、完备的支付体系以及有效的营销助力，该平台得以在全球迅速开拓市场，呈现出强劲的发展势头。

速卖通并非简单地推行"一刀切"式的全球化战略，而是在不同的市场中践行本地化运营策略。例如，在俄罗斯市场中，速卖通就携手本地支付平台（如Yandex.Money）及物流公司（如俄罗斯邮政）开展合作，以此确保消费者能够畅享本地化的购物体验。

2. 速卖通的全球影响力

（1）庞大的市场份额与用户规模

据阿里巴巴集团资料显示，速卖通覆盖面宽广，涵盖全球200多个国家和地区，年活跃买家超1亿，影响力不容小觑。尤其是在俄罗斯与巴西，速卖通成功跻身于当地消费者极为看重的跨境购物平台之列，很受欢迎。

速卖通的增长，既得益于全球市场对中国制造产品需求的高涨，也和平台在本地化服务方面的不断创新紧密相连。平台持续优化搜索引擎，健全支付系统，提升物流效率等，以增强用户购物体验，吸引更多消费者，进而提升平台活跃度。

（2）推动全球电商生态的升级

速卖通不仅仅是一个跨境电商平台，它在全球电商生态中发挥了巨大作用。速卖通通过为全球商家构建线上销售的渠道，有力推动了全球电子商务领域的拓展。尤其是在传统零售业面临巨大转型压力的背景下，速卖通为中小型商家提供了低成本的国际化销售平台，帮助他们开拓了全球市场。此外，速卖通的成功也促使其他电商平台加强全球化布局，推动了全球电商生态的升级。

（3）引领跨境支付与金融服务创新

速卖通通过与支付宝紧密合作，推动了全球跨境支付领域的创新。支付宝大力推进多币种支付服务，且凭借"买家保护"政策，显著提高了消费者的信任度。此外，速卖通在支付过程中应用的反欺诈技术也使得跨境支付的安全性大大提升，进一步提高了消费者和商家的信赖程度。

3. 速卖通的竞争优势

速卖通能够在全球电商的激烈竞争中脱颖而出，主要是因为其具有以下竞争优势，如图4-1所示。

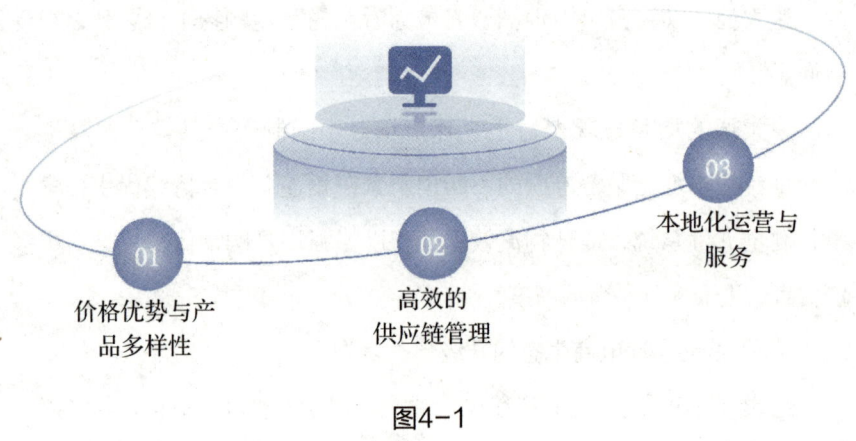

图4-1

（1）价格优势与产品多样性

速卖通的众多商品出自中国及其他亚洲国家的制造商，因此得以供应价格极具竞争力且类别极具多样性的货品。这种价格优势和产品多样性是速卖通区别于其他跨境电商平台的重要竞争优势。

（2）高效的供应链管理

速卖通凭借卓越的供应链管理能力，精准聚焦全球市场。得益于阿里巴巴的全球资源优势，速卖通成功整合中国的生产制造商、批发商和第三方卖家，达成资源的优化配置及协同合作，进而提升整体效能。

（3）本地化运营与服务

虽然速卖通是一个全球化的平台，但是它非常注重各个市场的本地化需求。在俄罗斯市场中，速卖通通过与本地物流和支付系统的深度整合，优化了消费者的购买流程；在拉丁美洲市场中，平台也推出了西班牙语和葡萄牙语的语言版本，以适应当地市场的特点。

速卖通作为中国电商巨头阿里巴巴集团旗下的全球化零售平台，凭借其精准的全球市场定位、强大的影响力以及独特的竞争优势，已经在全球电商市场中占据了举足轻重的地位。

4.2 速卖通的销售模式与全球化策略

速卖通是阿里巴巴集团旗下重要的跨境电商平台，灵活高效的销售模式及深刻的全球化战略是其在跨境电商领域成功的关键因素。速卖通的销售模式与全球化策略紧密相连、相辅相成，共同推动了平台的快速成长和全球化扩展。

1. 速卖通的销售模式

速卖通采用的是典型的B2C和B2B相结合的销售模式，这种销售模式在全球电商行业中具有较强的竞争力，特别是在价格竞争和供应链优化方面具有独特的优势。

（1）B2C模式

在这一模式中，商家通过平台把商品售给全球各地的消费者。速卖通平台的商品琳琅满目，包含电子产品、家居物件、时尚衣装、美妆、玩具及运动器材等多个品类，可满足各类消费者的多样需求。

由于平台上的大多数商品来自中国和其他亚洲国家的生产商，因此速卖通能够通过较低的生产成本、批量采购和高效的供应链管理，提供具有竞争力的商品价格。此外，平台通过"直邮"服务，将商品从卖家直接配送到全球消费者手中，减少了中间环节的成本，进一步降低了产品售价。

（2）B2B模式

借助速卖通，全球零售商能够以低成本、高效率采购商品，能直接向来自中国及其他制造大国的批发商下单订货。这种模式使得零售商和批发商可以快速找到适合自己市场需求的商品，同时也能够享受批量采购的价格优势。

与传统的批发市场不同，速卖通的B2B模式通过数字化平台打破了时空限制，商家无须亲自前往中国或其他国家和地区的工厂，便可通过平台直接与全球供应商对接，方便快捷。速卖通的B2B功能不仅限于商品采购，还提供了支付、物流、客服等一体化服务，帮助企业优化其采购链条和供应链管理。

（3）C2C与代购模式

虽然速卖通的核心模式是B2C和B2B，但在某些市场中，尤其是在一些发展中国家和地区，速卖通的销售模式也包含了部分C2C与代购服务。

（4）物流与支付系统的支撑

阿里巴巴集团通过旗下的菜鸟网络提供全球物流解决方案，确保商品能够及时送达消费者手中；支付宝不仅支持全球主要的货币，还提供了多种支付方式，如信用卡、借记卡、电子钱包等，方便全球消费者进行交易。

2. 速卖通的全球化战略

通过准确把握全球市场的需求和趋势，速卖通采用了多个创新的全球化战略，使得平台迅速在世界各地取得了显著的市场份额。

（1）市场拓展与本地化策略

从一开始，速卖通就致力于全球市场的覆盖，特别是在新兴市场中的渗透。速卖通还在巴西、印度、东南亚和中东地区取得了显著的市场份额，这些地区的互联网普及率不断提高，且消费者对价格敏感这些因素为速卖通业务的快速发展提供了良好的土壤。

除了拓展全球市场，速卖通在不同国家和地区实施了本地化战略。为了迎合不同市场的需求，速卖通在平台语言、支付方式、物流配送等方面进行了本地化调整。例如，在俄罗斯市场中，速卖通提供了俄语界面，并与当地的支付平台和物流公司合作，以提供更顺畅的购物体验；在巴西市场中，速卖通提供了葡萄牙语界面，并改进了支付和配送服务，以适应当地的市场需求。

（2）提供定制化产品与本地化运营

为了更好地满足不同地区消费者的需求，速卖通不仅在产品品类上做出了调整，还通过数据分析优化了产品的定制化推荐。例如，在中东市场中，速卖通推出了符合当地文化的商品，如传统服饰、电子产品配件等；而在欧洲市场中，则主要推荐高品质的家居用品和时尚商品。同时，速卖通还会根据当地的价格敏感度和消费能力调整产品定价策略。

（3）国际化团队与人才布局

速卖通的全球化战略还包括了在全球范围内的团队建设，这些本地化的团队能够深入了解当地市场需求、消费趋势以及文化差异，从而制定更符合市场的营销策略和推广计划。阿里巴巴集团通过招募本地化的电商人才，成立了多个国际化团队，负责平台在不同国家和地区的运营管理。

3. 速卖通全球化策略的成功因素

（1）强大的供应链优势

速卖通通过阿里巴巴集团的全球供应链资源，确保了平台的商品种类丰富、价格低廉，从而满足了全球消费者对高性价比商品的需求。

（2）灵活的本地化策略

速卖通深度剖析各地区市场特质，推行精准的本地化运营，不仅在语言、支付及物流方面予以调整，还依据不同市场的文化差异，对商品与营销策略做出调整。

（3）创新的技术平台

速卖通平台始终坚持技术驱动，利用人工智能、大数据和云计算技术优化商品推荐、物流管理和支付系统，不断降低成本、提高效率，同时提供更加精准的消费者服务。

（4）强大的全球物流网络

速卖通背靠阿里巴巴集团的菜鸟网络，通过整合全球优质的物流资源，能够为消费者提供高效、可靠的跨境配送服务。菜鸟网络不仅支持多种运输方式，还能够根据市场需求动态调整物流策略，提高配送效率和用户满意度。

（5）平台生态与跨境支付优势

支付宝具备全球支付能力，并拥有完善的消费者保障机制，这让速卖通能化解跨境电商交易里的支付与信任难题，提高消费者对平台的信赖程度。

4.3 速卖通的运营重点及策略规划

在全球化的电商竞争格局中，速卖通作为阿里巴巴集团旗下的跨境电商平台，其运营重点和策略规划直接决定了其在国际市场中的地位与发展前景。接下来，让我们一起探讨速卖通的运营重点，并分析其策略规划，以便为从事跨境电商的企业和个人提供切实可行的经验与借鉴。

1. 速卖通的运营模式概述

速卖通的运营模式可以概括为"全球采购、全球销售、全球支付"的模式，其中买家和卖家来自不同国家和地区，平台通过提供交易撮合、支付结算、物流配送、售后服务等全方位服务，帮助商家顺利完成跨境交易。

速卖通的运营架构可以分为三个层次：平台端、商家端与用户端。平台端主要负责全局战略的制定、平台规则的执行以及平台技术的优化；商家端则侧重于产品的展示、营销、库存管理、订单处理等；用户端则为消费者提供便捷的购物体验，包括商品浏览、支付、售后等环节。

通过这一运营体系，速卖通能够有效连接全球的卖家和买家，并通过精准的市场定位和用户需求分析不断提升平台的运营效率。

2. 速卖通的运营重点

速卖通的运营重点涵盖了多个层面，如图4-2所示。

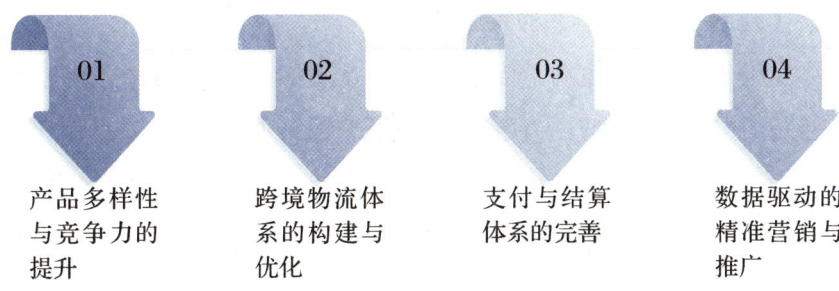

图4-2

（1）产品多样性与竞争力的提升

产品是跨境电商平台成功的核心要素之一。速卖通注重全球各类产品的多样性，平台上的商品几乎涵盖了各类消费品，包括电子产品、家居用品、服装鞋帽、日用百货等。

为了提高产品的竞争力，速卖通加强了对商品的筛选与质量管理，确保商品符合不同国家消费者的需求；同时，通过与全球优秀供应商的合作，不断推动优质商品的引入，并通过价格竞争和促销活动吸引更多消费者。

（2）跨境物流体系的构建与优化

跨境电商最难突破的一环便是物流问题。速卖通一直致力于优化跨境物流体系，特别是在海外仓建设、国际物流运输、最后一公里配送等方面。在全球多个国家和地区，速卖通通过与本地物流公司和第三方物流服务商合作，构建了高效、低成本的物流网络。

此外，速卖通还在全球范围内建立了多个海外仓，通过"预先备货、快速配送"的方式，提高了产品的配送速度，减少了物流成本，同时也有效地避免了传统跨境电商的高退货率问题。

（3）支付与结算体系的完善

支付体系是跨境电商平台运营的又一关键因素，速卖通在全球市场中推出了支付宝国际版、信用卡支付等多种支付方式，确保全球用户能够实现无障碍支付。速卖通为商家和买家提供了多种货币结算的选项，支持人民币、美元、欧元等多种货币，确保不同国家和地区的用户能够方便快捷地进行交易。

在支付安全保障方面，速卖通还采用了多重身份验证、加密传输等技术手段，确保交易双方的资金安全。

（4）数据驱动的精准营销与推广

随着大数据技术的普及，速卖通在运营中越来越依赖数据分析来指导市场营销策略。平台借助对海量的用户、商品及交易数据的剖析，精确洞悉不同市场消费者的需求，从而拟定平台适配的营销策略。例如，速卖通会通过利用人工智能和机器学习算法为商家提供商品推荐、定价建议和市场趋势预测，帮助商家提升产品的曝光率与销量。

在推广策略上，速卖通全力施展其平台的流量长处，借由SEM（Search Engine Marketing，搜索引擎营销）、社交媒体广告、与KOL合作等多种手段，提升平台的品牌知名度。同时，速卖通也通过与全球主要电商平台（如亚马逊、易贝等）的合作，增强其市场渗透力，拓展更广泛的用户群体。

3. 速卖通的战略规划

为了保持其在全球跨境电商领域的竞争优势，速卖通不仅注重日常运营的优化，更加注重长期战略的布局和规划。以下是速卖通在战略规划方面的几个重点方向。

（1）加速本地化运营

速卖通在其全球扩展过程中，注重各个市场的本地化运营。为此，速卖通在多个国家和地区设立了本地化团队，深入了解不同市场的消费者习惯、文化特点和购物需求，从而制定更具针对性的市场推广策略。同时，速卖通还致力于优化本地语言的支持，确保各国用户在使用该平台时可以获得更加流畅的体验。

此外，速卖通还加强了与当地供应商的合作，推动更多本土产品的上线和销售，以满足不同地区用户的个性化需求。

（2）加大技术研发投入

为保持技术竞争优势，速卖通在大数据、人工智能、区块链等新兴技术领域大幅加大研发投入，紧跟时代前沿，增强自身实力。特别是在人工智能及机器学习领域，速卖通持续优化商品推荐系统、智能客服与自动化物流等功能，进而提升了平台运营效率及用户体验。

此外，速卖通还在支付安全、数据保护等方面采取了多项创新措施，进一步增强了平台的可靠性和用户信任度。

（3）深化全球市场布局

速卖通的全球市场布局是其战略规划的重要组成部分。在未来的发展中，速卖通将继续加大对新兴市场的渗透，特别是在拉丁美洲、东南亚、非洲等地区，进一步拓展市场份额。通过与当地政府、企业以及第三方服务商的合作，速卖通将在全球范围内逐步建立起更为广泛的用户基础和供应链网络。

与此同时，速卖通还将加大对全球消费者的教育和营销投入，尤其是通过跨境电商培训、企业合作等形式，帮助本地商家掌握跨境电商的运营技巧，进一步推动平台的发展。

（4）加强品牌建设与用户忠实度

速卖通不仅专注于提高交易量和市场份额，还注重品牌建设和用户忠实度的提升。速卖通通过不断优化平台的购物体验、提升售后服务质量以及推出更多优惠活动，不断增强消费者的品牌黏性。同时，速卖通还将通过会员体系、积分奖励、VIP用户等方式，激励用户长期使用该平台，提高用户的复购率。

总体来说，速卖通作为全球领先的跨境电商平台，其运营重点包括产品多样化、跨境物流优化、支付结算安全以及数据驱动的精准营销等多个方面。为了在激烈的国际市场中占据一席之地，速卖通通过本地化运营、技术创新和全球化战略布局，进一步巩固其市场领导地位。

4.4 速卖通成功的跨境电商案例分析

美克·美家是国内领先的家居品牌之一，致力于提供高品质的家居用品。近年来，随着国内市场的竞争日益激烈，许多家居品牌的成长遇到了瓶颈，尤其是在面临价格战和消费者需求多样化的压力时，突破性的增长空间变得越来越小。

为寻找新的增长契机，美克·美家开始涉足跨境电商领域，并将速卖通这一平台作为自己国际化战略的起始点。

1. 产品的全球化适应性

美克·美家之所以能够成功进军国际市场，一个重要的因素便是其产品的全球化适应性。

（1）产品设计的全球化适配

美克·美家在设计上注重全球消费者的需求，将本土的家居设计与国际化的设计理念相结合。此外，美克·美家还通过平台的商品推荐系统和用户反馈功能，不断优化其产品种类和定价策略，以确保产品更符合各个市场的具体需求。

（2）品质保障与材料选用

美克·美家非常注重产品的质量和材料的选择，对于欧美消费者来说，美克·美家的高性价比产品有着强大的市场吸引力。在速卖通平台上，美克·美家的"质量保证"和"快速配送"成了吸引消费者的重要卖点。

2. 精准的市场细分与定位

跨境电商的一个挑战是如何在全球市场中找到正确的消费者，并制定适合当地市场的营销策略。美克·美家通过速卖通精准的市场分析工具，对各国市场进行细致的研究，了解不同市场的消费趋势和偏好，从而定制差异化的营销方案。

（1）市场分析与需求定制

美克·美家借助速卖通的后台数据与市场分析工具，得以深度剖析目标市场的消费趋向，从而实现对消费动态的精准把控。例如，在美国市场中，美克·美家发现消费者偏好现代简约风格和高端材质的家具，同时对价格也有较高的敏感性。

（2）全球化的广告投放与品牌建设

美克·美家通过速卖通平台的大数据支持，进行精准的广告投放。这样，美克·美家的广告能够有效地触及潜在消费者，提升品牌曝光度。此外，速卖通的多语言支持也帮助美克·美家在不同语言环境下进行品牌传播和推广，增强了该品牌的国际化形象。

3. 跨境物流与售后服务

家居产品的跨境电商运营面临的一个主要挑战是物流和售后服务。由于家居产品体积大、重量重，运输成本较高，且消费者对家居产品的售后服务要求较高，因此，确保物流的高效与服务的优质，成为美克·美家成功的关键之一。

（1）优化物流体系，降低成本

美克·美家携手速卖通，借助其全球物流网络与海外仓储服务，在欧美等关键市场中成功构建起完备的物流配送体系。此外，速卖通的"最后一公里"配送服务进一步提升了配送效率，确保消费者能够尽快收到产品。

（2）完善的售后服务保障

对于跨境电商而言，消费者在购买大件商品时，尤其是家居类产品，更加关心售后服务。美克·美家通过与速卖通的紧密合作，借助平台完善的售后服务体系，建立了一整套高效的退换货、维修和咨询服务。速卖通为美克·美家提供了与全球消费者沟通的渠道，确保每一位客户在遇到问题时能够及时得到解决。

此外，速卖通平台提供的多语种客户服务和全球化退换货机制，提升了消费者的购物体验，使他们在购买家居产品时更加放心，从而提高了他们对品牌的忠实度。

4. 成功的品牌建设与市场影响力

美克·美家能在速卖通平台上斩获成功，除了上述优势，还离不开在品牌建设及市场推广上的卓越表现。

（1）精细化的品牌定位与市场传播

通过速卖通的广告推广工具和平台资源，美克·美家不仅仅是将产品卖到全球市场，还通过精准的品牌传播，提升了品牌的知名度。美克·美家通过与速卖通的深度合作，借助平台在各大市场中的影响力，提升了品牌的曝光度，特别是在欧美市场中获得了显著的品牌认知度。

（2）借助平台优势提升用户体验

在速卖通平台上，从浏览环节到支付流程，再到物流配送，美克·美家全力营造优质高效的用户体验。通过与速卖通的合作，美克·美家不仅成功打入了欧美市场，还大大提升了品牌的国际知名度和影响力。

借助速卖通平台的全球化资源和精准的市场分析工具，美克·美家能够在国际市场中获得快速增长，尤其是在欧美市场中，凭借其高品质、时尚设计的家居产品，美克·美家获得了大量消费者的青睐。

同时，美克·美家还通过速卖通的物流和售后服务体系，降低了运营成本，提高了消费者的满意度以及他们对品牌的忠实度。

4.5 未来速卖通的发展战略与市场扩展预测

凭借庞大的商品品类、完善的物流体系和创新的营销工具，速卖通不仅成功吸引了全球消费者，还帮助数以万计的中国商家实现了"走出去"的梦想。未来的速卖通将不仅仅是一个商品交易平台，更是一个全球跨境电商的综合服务平台，持续推动全球商家与消费者之间的贸易往来，进一步促进全球贸易的自由化与便利化。未来速卖通的发展战略与市场扩展预测有以下几个方面，如图4-3所示。

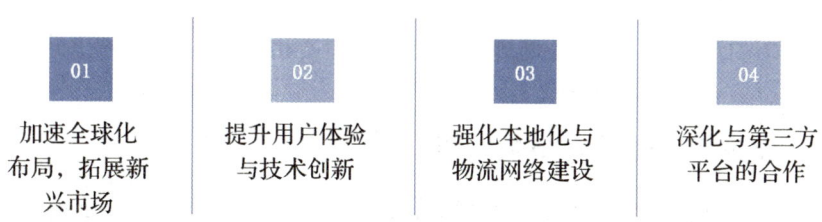

图4-3

1. 加速全球化布局，拓展新兴市场

速卖通的全球化发展是其未来战略的核心之一。在过去几年中，速卖通已经成功进入了多个成熟市场，包括美国、欧洲、俄罗斯等，但未来其增长潜力将更多地来自新兴市场，尤其是东南亚、拉丁美洲、非洲和中东等地区。

（1）东南亚市场

据相关数据显示，东南亚地区电商市场增长迅猛，其规模已突破1000亿美元。未来，速卖通还会在东南亚深度拓展市场布局，特别是在泰国、菲律宾、印度尼西亚这类人口众多的国家，着重强化面向当地消费者的定向营销，并加强物流基础设施建设。

（2）拉丁美洲与非洲市场

拉丁美洲和非洲市场同样充满了跨境电商的潜力。速卖通凭借其全球化的仓储和物流能力，逐步解决了向这些地区配送的时效性问题，提升了用户体验。未来，速卖通可能会通过加大对本地电商合作伙伴的支持、提高本地化仓储能力等手段，进一步拓展拉丁美洲和非洲市场。

（3）中东市场的拓展

中东地区是另一个速卖通未来发展的重点市场，沙特阿拉伯、阿联酋等国的互联网普及率不断提高，消费者对国际品牌的需求持续上升。

2. 提升用户体验与技术创新

速卖通未来的成功将越来越依赖提升用户体验和利用技术创新提升运营效率。从用户体验角度来看，速卖通不仅要满足基本的购物需求，还需要通过技术创新提供个性化的购物体验，增强消费者的黏性。

（1）个性化推荐与智能搜索

在未来，速卖通将在产品推荐系统上进一步发力，采用更加智能的算法和深度学习技术，不仅能根据历史购买数据推荐商品，还能预测消费者的潜在需求，从而为用户提供更具针对性的商品展示。

（2）VR/AR技术与沉浸式购物体验

为优化消费者的购物体验，速卖通将深度探索VR与AR技术的运用，从而营造更具沉浸感的购物氛围。在家居、化妆品、时尚服装及珠宝等品类中，虚拟试穿和体验可助消费者做出更精准的购买决策，从而提升平台的用户黏性与购买转化率。

（3）区块链技术的应用

近年来，区块链技术备受瞩目，其在跨境电商领域的应用潜能已崭露头角，未来发展更是令人期待。速卖通有可能在这方面进行技术投入，通过区块链技术保障交易过程中的数据安全，减少假货和欺诈行为的产生。

3. 强化本地化与物流网络建设

尽管速卖通在全球市场中的影响力持续上升，但为了在跨境电商市场中获取更大的市场份额，各地的本地化战略部署仍然是关键。除了强化产品的本地化调整，速卖通还需持续增进其物流体系的效能，以保证各地市场都能给消费者提供迅速可靠的配送服务。

（1）本地化仓储与配送体系的建设

随着跨境电商市场的持续拓展，物流效率与成本把控也成了速卖通发展的关键制约要素之一。为了提升消费者的购物体验，速卖通将继续投资本地化仓储与物流网络，特别是在北美、欧洲和东南亚等重要市场中，建设更多的海外仓，以缩短配送时间，降低运输成本。

（2）"一站式购物"与供应链管理的优化

通过与更多的供应商、物流服务商、支付机构建立合作关系，速卖通将会为消费者提供更丰富的商品种类、更低的价格以及更高效的配送服务。同时，平台还会在多种支付方式上进行优化，确保跨境支付的便捷与安全。

（3）跨境物流标准化与智能化

为化解跨境电商物流的复杂性，速卖通正全力助推跨境物流朝标准化与智能化方向发展，以优化运作、提升效率。借助AI及大数据分析，速卖通能更精准地预测物流需求，提高仓储管理效率，进一步压低物流成本，使消费者以更低的费用、更短的时间获得商品。

4. 深化与第三方平台的合作

在跨境电商市场竞争越发激烈的未来，速卖通会持续加强同其他平台、品牌商及零售商的协作，进而拓展新的销售途径与市场。凭借资源整合的优势，速卖通能够在全球范围构筑更为广泛的销售网络，拓展更多品类与细分市场。

（1）与本地电商平台的合作

为切实提升在新兴市场中的渗透力度，速卖通将与一些本地电商平台展开深度合作。例如，在拉丁美洲和非洲市场中，速卖通可能会与本地电商平台建立合作伙伴关系，借助本地平台的流量和用户基础，快速获取市场份额。

（2）与品牌商和零售商的合作

除了巩固平台自有流量与商品资源，速卖通还会持续强化与品牌商及零售商的合作，助力其更好地边入国际市场。

新兴跨境电商与社交电商平台——TikTok

第5章

5.1 TikTok跨境电商平台的火速崛起

TikTok自2016年由字节跳动推出以来，已经从一个短视频娱乐平台迅速发展成为全球用户群体和市场影响力极为庞大的社交媒体平台。通过创新的内容创作、强大的算法推送以及深度融合社交与电商功能，TikTok不但在娱乐和社交领域取得了巨大的成功，而且已经逐步成为一个不可忽视的跨境电商平台。

1. 社交与短视频的融合：用户黏性与跨境电商潜力

TikTok的成功在于它不仅为短视频娱乐平台，更凭借"社交+电商"模式，将娱乐与消费需求有效地融合。

（1）用户习惯的转变与短视频营销的崛起

根据统计，短视频用户的平均观看时间和用户黏性较传统社交媒体平台要高得多，尤其在年轻人群体中更是如此。这为跨境电商商家提供了一个前所未有的机会，即可以通过创意短视频精准触及潜在消费者。

TikTok借短视频和社交互动的巨大优势，巧妙突破了传统广告及产品推销的界限，使品牌和产品相关的营销信息自然且有趣地融入用户生活。这种方式显著提升了用户的参与感和购买欲，这使得TikTok摇身一变，成为跨境电商商家实施市场营销的"新阵地"。

（2）内容驱动的电商生态系统

TikTok的显著特质之一就是以UGC驱动核心价值。很多商家通过与

KOL、"网红"及用户协作，快速生产并传播其品牌信息或与产品相关的内容。在这个过程中，哪怕是用户与用户间的简单互动，都有可能实现商家的营销目的。

TikTok上不乏各种"挑战赛""热门话题""互动直播"等活动，通过各种方式鼓励用户参与，促成内容传播的社交效应，大幅提高了品牌和产品的曝光率。这种模式将社交与电商深度融合，极大增强了商品营销的效果。

2. TikTok电商化的路径：从娱乐到购买的无缝连接

TikTok目前正积极推动平台的电商化，将传统的内容消费与电商交易相结合，创造了一种新的"无缝连接"购物体验。在这个过程中，TikTok为商家提供了丰富的电商功能，使得商家能够通过平台直接引导流量至电商平台进行交易，而无需借助第三方网站或平台的跳转。

（1）内嵌式购物功能

TikTok早就在平台内植入了"购物车功能"，这使得商家能够在视频或直播里展示产品后直接提供相应购买链接，大幅提升了购物的便利性与即时性。这种内嵌式购物体验消除了传统电商与社交平台的界限，使用户无须跳转其他平台便能完成购买。

（2）原生广告

TikTok平台上广告内容与平台内容的高度融合，避免了传统广告的生硬感，同时利用创意和娱乐性极大提升了用户的接受度和购买欲望。凭借平台的智能算法，TikTok还可以为商家统计出详尽的广告投放数据，助力商家精进自己的广告策略，提升营销成效。

（3）TikTok Shop与直播购物

TikTok Shop的推出，让商家可以通过联合KOL及"网红"，在直播时与用户互动，实时展示并推介产品，以此增加产品的曝光，拓展营销路径。这种方式不仅能够增强用户的信任感和购买欲望，还能够借助"网红"效应快速提升销量。

3. 新兴市场与年轻消费者的快速渗透

TikTok的快速崛起不仅仅体现在其在传统发达国家市场中的成功，更体现在其在新兴市场中的巨大潜力。TikTok的社交娱乐性质，使其在年轻用户群体中的渗透率极高，这对于跨境电商商家来说，既是机遇也是挑战。

（1）吸引年轻消费群体

对于跨境电商商家而言，18~34岁的年轻用户群体代表着未来的消费主力军，他们也是TikTok平台上的主要用户。这些年轻用户不仅对新鲜事物有着极高的接受度，其消费习惯也更加偏向个性化、即时性和娱乐性，这为跨境电商提供了更多创新营销的空间。

（2）新兴市场的电商潜力

TikTok在新兴市场中的快速发展，给跨境电商商家带来了前所未有的机遇。例如，印度、东南亚、拉丁美洲和中东地区的年轻用户已经成为TikTok上十分活跃的用户群体，这些市场的互联网普及率逐步提高，电商消费的潜力巨大。TikTok能够以其创新的内容创作方式迅速吸引这些地区的消费者，并通过电商功能直接将其转化为购买力。

（3）地区消费习惯与文化差异

虽然TikTok在新兴市场中潜力巨大，但是不同地区有着不同的文化特点和消费习惯，跨境电商商家想要稳步发展，必须要关注不同地区的消费习惯与文化差异。例如，东南亚地区的用户更倾心于社交化和即时性购物；而拉丁美洲及中东地区的用户，则更注重品牌形象和社区互动。

4. 数据与算法：精准营销的核心

TikTok的成功不仅依赖其社交功能和创意内容，还与其强大的数据分析和智能算法密切相关。

（1）精准的个性化推荐算法

TikTok的核心竞争力之一就是精准的个性化算法，通过大数据和AI技术能做到"千人千面"，为不同用户精准推送不同内容。凭借精确的流量引导，商家能够在全球范围内探寻潜在客户，进而拓展市场，增添业务发展的空间与可能。

（2）数据分析与广告优化

TikTok还为商家配备了多元的数据分析工具，商家能通过使用这些工具精准追踪广告成效，洞悉目标受众的兴趣所在与具体需求；通过不断优化广告内容和投放策略，帮助商家在短时间内实现高效的市场渗透。

5.2 TikTok的电商功能与市场策略

随着社交媒体逐渐融入商业化模式，TikTok作为全球领先的短视频平台，已不仅仅是一个娱乐和社交平台，它正迅速成为全球跨境电商商家争相开拓的"新战场"。这一变化不仅重新定义了电商营销的玩法，还为全球品牌和商家提供了全新的市场开拓路径。

1. TikTok的电商功能

有别于传统的社交媒体与电商平台，TikTok 巧妙探寻出一条别具一格的融合之道——社交化电商，开辟了新的发展空间。

（1）TikTok Shop：一站式电商平台

TikTok Shop是平台为商家精心打造的电商功能，商家能通过该功能在TikTok上直接开店，上传商品信息，并在视频中植入商品标签，让用户可在浏览页面时直接购买。这一功能的突出特点就是实现从看到到下单的"无缝连接"，通过将电商服务内嵌到内容中，打破了传统电商与社交媒体之间的壁垒。

（2）TikTok Live：直播带货与互动营销

直播带货是TikTok的一项核心电商功能，在许多地区市场中已取得了巨大的成功。在TikTok Live中，商家、品牌方或KOL可以通过直播的方式与观众互动，展示产品、介绍使用方法、分享个人体验、实时解答观众提问，并通过即时购买链接将观众转化为消费者。

TikTok的直播带货有别于其他平台，它更突出社交互动，内容娱乐性更强。主播和观众的互动并非单纯的产品推荐，而是借娱乐与互动增强情感认同、激发购买欲。TikTok在这方面展现的独特之处，深受用户喜爱。

（3）内容创意与短视频广告

TikTok的短视频广告与原生广告是其电商功能的重要组成部分。TikTok平台为商家提供了多样的广告推广形式，如信息流广告、品牌挑战赛、话题广告及互动广告等。例如，信息流广告成功嵌入平台内容并与之深度融合，让广告自然进入用户的浏览视野中，这种方式极大地提升了广告的成效。

与传统意义上的"硬广"不同，TikTok的广告是通过内容创意和用户参与激发用户的兴趣和购买欲望。并且，TikTok非常注重创意和娱乐性，商家可以通过定制化的短视频内容与用户进行深度互动，打造有趣且富有创意的广告形式，进而吸引用户的关注。

（4）个性化推荐与精准营销

TikTok借助深度学习和数据分析的手段，通过对用户行为、兴趣及浏览历史等关键信息加以剖析，精准推送用户可能会感兴趣的内容与商品。相较于传统电商平台，TikTok这种个性化的推荐系统更为智能。它能更为准确地预测用户的兴趣点，还能依据社交互动、视频观看等数据判断用户的购买意图，进而为用户推荐相关商品与广告。

这种精准推荐不但能够提高平台广告的转化率，而且有助于商家更高效地触及潜在消费者，从而实现对营销目标的优化与拓展，大幅提升营销效果与效率。

2. TikTok的市场策略

TikTok在全球得以迅速崛起，其背后不只倚仗强大的电商功能，更得益于一系列灵活、高效的市场策略。

（1）聚焦年轻消费群体

TikTok的用户群体以年轻人居多，尤其是18~34岁的年龄段。这一群体通常对传统的电商购物方式较为排斥，更倾向于通过社交平台、短视频内容等进行消费决策。因此，TikTok 的市场策略更加聚焦于年轻消费者，特别是在跨境电商领域，年轻人群体具备极大的消费潜力。

（2）跨境电商市场的多元化布局

TikTok的全球化布局使得它能够触及多个跨境电商市场，不仅在欧美、东南亚等市场中拥有强大的用户基础，还通过与不同地区的电商合作，逐步推动本地化电商策略。

此外，TikTok还通过与各大电商平台的合作，使跨境电商商家能够更轻松地将产品推向国际市场。商家不仅可以在TikTok上展示商品，还可以通过集成亚马逊、Shopify等电商平台的应用程序接口，实现全球配送和订单管理，打通电商和社交平台之间的交易壁垒。

（3）强化与创作者和KOL的合作

TikTok在社交电商方面的成功离不开其内容创作者和KOL的推动。平台通过建立"创作者基金"和"品牌合作计划"，鼓励KOL与品牌合作，进行产品推广和直播带货。商家不仅可以通过创作者的影响力快速提高品牌的曝光率，还能够通过创作者与观众的互动，增强品牌的可信度和用户的购买信心。

这一策略让商家不再依赖传统广告，而是通过创作者的自然推广和互动营销，将产品信息传递给潜在消费者。TikTok为创作者提供了多种创作工具，使他们能够更轻松地制作与品牌相关的内容，并通过平台的精准推荐机制将这些内容推送到全球的目标用户面前。

（4）本地化与全球化并行

TikTok电商的成功还得益于其灵活的本地化策略。尽管是一个全球化的平台，但TikTok非常注重根据不同市场的需求进行本地化运营。例如，在印度市场中，TikTok通过推出针对性强的产品推广和折扣促销活动，吸引了大量当地年轻消费者的关注；在欧美市场中，TikTok通过对时尚与美妆类内容的创新推广，成功吸引了大批用户的参与。

5.3 TikTok在全球跨境电商中的影响力

TikTok通过精准的算法推荐、全球化的用户群体以及创新的社交电商模式，迅速从一个社交平台跃升为电商生态系统中的重要组成部分。然而，TikTok的真正影响力不仅仅体现在其电商功能的实现上，更在于它改变了电商模式的核心，使购物成为社交的一部分，创造了一种新型的消费体验。

1. TikTok在全球市场中的影响力

TikTok不仅在许多地区市场中取得了巨大成功，还给全球电商格局带来了很大影响。

（1）用户群体遍布全球

TikTok的用户遍布全球150多个国家，月活跃用户数超过15亿，且用户集中在年轻人群体。这一群体消费力强、对新兴品牌具有高度的兴趣，且习惯于通过社交媒体参与互动和分享。例如，中国、韩国等国家的品牌商通过TikTok进入欧美市场，并成功吸引了大量年轻消费者，通过内容营销直接打破了国别界限，迅速占据了市场份额。

（2）增强用户与品牌的联系

相较于传统电商平台，TikTok凭借其显著的社交性，巧妙借助用户的参与感与互动性，有力地推动了购物行为的完成。消费者借由与内容创作者的互动，如评论、点赞及分享等，增进与品牌的情感联结，进而提升对品牌的忠实度与复购率。

（3）内容传播带来的高效品牌曝光

TikTok的算法推荐体系，能让用户触及契合自身兴趣的内容，进而增强广告精准投放的成效。例如，很多时尚与美妆品牌都选择携手TikTok上的"红人"，以视频和直播带货的方式成功打造爆款产品，使产品销量得以迅猛提升。

2. TikTok对传统电商的深远影响

TikTok在全球跨境电商中的影响力，不止在于帮助商家实现短期销量的突破，更在于彻底变革传统电商中内容运作和品牌传播的方式。

（1）内容驱动电商的崛起：突破传统广告束缚

在传统的电商营销中，商家通常依赖以横幅广告或弹窗广告为主的硬性推送，这些广告往往具有较强的商业色彩，缺乏情感共鸣，因此用户常将其视为"干扰"。

TikTok的内容驱动电商则与之完全不同。商家通过创意短视频将产品与娱乐、情感和创意结合，以更自然、亲近的方式展现品牌和商品。在TikTok的生态系统中，广告内容往往与用户的日常兴趣紧密相连，消费者不是被动地接受商业信息，而是积极参与对内容的观看、点赞、评论、分享甚至创作，进而形成更为强烈的品牌认同感。

（2）提升品牌的全球化渗透能力：TikTok助力跨国品牌扩展

TikTok的平台算法和内容传播机制，能够帮助品牌跨越地域和文化的壁垒，快速渗透到新的市场，使得品牌能以低成本和高效率在全球范围内推广产品。

例如，韩国和日本的美妆品牌通过与TikTok上的美容博主合作，迅速吸引了欧美市场的年轻消费者。这些品牌通过展示产品的使用效果、产品背后的文化理念以及创新的包装设计，成功打入欧美市场。

（3）跨境电商的创新与变革：从商品流转到内容流转

在过去，跨境电商往往依赖庞大的供应链和物流体系，注重"商品流转"。而TikTok则通过创新的"社交+电商"模式，强调"内容流转"，使得跨境电商更加注重品牌传播和互动，而非仅仅依赖传统的商品交换。商家已不再仅单纯推销商品，而是借助有趣的内容、短视频及直播，向全球用户传递品牌故事与产品价值，从而营造出更为丰富的用户体验，增强用户的参与感。

5.4 TikTok成功的跨境电商案例分析

日本服装品牌优衣库，在过去的几年里不仅通过传统的零售渠道进行扩张，还成功地借助TikTok这一新兴社交平台在全球市场中，特别是在欧美市场中，吸引了大量年轻消费者。与传统的零售品牌依赖电视广告或线下推广不同，优衣库在TikTok上的推广战略将内容创意、社交互动和品牌个性结合起来，构建了一种全新的线上购物体验。

1. 内容创意与社交互动：打破传统广告的桎梏

在TikTok平台上，短视频是核心内容形式，品牌必须借助创意、娱乐性和情感联结才能脱颖而出。优衣库深刻理解这一点，通过一系列富有创意的短视频和互动活动，成功吸引了大量年轻消费者的目光。

（1）挑战与创意视频

优衣库在TikTok上通过发布与时尚、季节性变化和特定主题相关的挑战和创意视频，吸引了大量年轻人的参与。例如，优衣库发起了带有标签"Uniqlo Style Challenge"的穿搭挑战，鼓励用户展示他们对优衣库不同风格的穿着理解或独特搭配，并通过标签分享至社交网络。

这一策略突出了TikTok平台的社交属性，也帮助优衣库激发用户的创意和表达欲望，进而带动该品牌的自传播。特别是优衣库与TikTok上的流行创作者合作，将品牌与当前的流行趋势、流行风格相结合，提升了品牌的时尚感和市场适应性。通过与这些创作者的合作，优衣库能够在较短时间内接触到大量潜在客户，快速提升品牌认知度。

（2）互动性与娱乐性

优衣库还发布了一些既具娱乐性又富有教育意义的内容。例如，品牌通过视频展示不同服装单品的搭配技巧、舒适度与多功能性，或者通过用户分享"我的优衣库穿搭"视频，邀请粉丝分享他们的穿搭体验，并与观众进行互动。这些互动性内容在平台上快速传播，提高了用户的参与感和忠实度。

2. 本地化的内容策略：精确贴合各地市场需求

TikTok的全球化特点使得优衣库在进行品牌推广时能够针对不同国家和地区的文化、消费习惯及潮流趋势进行精准定位。在TikTok上，品牌的本地化内容创作显得尤为重要，优衣库通过量身定做的营销策略，成功地将产品与当地市场的需求、消费者的情感需求紧密结合。

（1）美国市场：多样化穿搭风格展示

在美国市场中，特别是在年轻人最为关注的潮流和时尚领域，优衣库推出了许多展示不同风格穿搭的视频。例如，优衣库通过视频展示"从校园到办公室"的多场景穿搭，展示如何将基础单品与其他服饰搭配，达到既舒适又时尚的效果。通过与美国流行博主的合作，优衣库在TikTok上成功塑造了一种年轻、时尚、舒适的全新形象。

此外，优衣库在美国市场中还针对季节性商品（如秋冬季的外套、春夏季的T恤等）推出了与节庆和热门活动相关的推广视频。

（2）欧洲市场：简约风格与可持续性

与美国市场的多样化搭配风格不同，优衣库在欧洲市场中推崇的是简约、经典的穿搭风格。欧洲的消费者更倾向于简洁、环保和功能性强的商品，这与优衣库一直倡导的"LifeWear"理念高度契合。该品牌通过在TikTok上展示简约风格的穿搭与功能性强的产品，如优质羽绒服、功能性内衣等，吸引了大量追求高品质生活和可持续时尚的消费者。

3. 直播与限时促销：增强购买动力

除了短视频内容的创意和社交互动，优衣库还善于利用TikTok平台的直播功能进行产品推广，并通过限时促销活动激发消费者的购买欲望。

（1）新品发布与互动直播

优衣库定期通过TikTok直播进行新品发布和推介活动。在直播过程中，主持人通过展示新品的亮点、穿搭效果及设计理念等，与观众进行实时互动，解答观众关于产品的各种疑问。同时，观众还可以通过评论和点赞等方式与品牌互动，从而增加对品牌的好感和参与度。此外，优衣库还通过限时特惠和直播专属折扣，吸引观众在直播中直接购买产品。

（2）限时促销

在重要节日或特殊时期（如"黑色星期五"、圣诞节、周年庆等），优衣库通过TikTok直播进行限时折扣和秒杀活动，借助平台的实时性和互动性，创造出高效的促销氛围。消费者在直播中看到心动的商品，再配合上"限时促销"等影响信息，通常会加快购买决策，提升购买动力。

4. 结果与成效：在全球市场中的成功布局

TikTok作为一个具有高度社交性、娱乐性和用户参与感的平台，恰好契合了优衣库"简约而不简单"的品牌精神。优衣库通过在TikTok上实施精准的社交电商策略，成功提升了品牌的知名度。

（1）品牌知名度的提升

在全球范围内，尤其是在美国、欧洲等市场中，优衣库在TikTok上的推广大大提升了品牌的曝光度和知名度。通过与当地知名博主的合作，优衣库成功吸引了大量年轻消费者的关注，并在短时间内增加了品牌在这些市场中的份额。

（2）销售额的增长

优衣库通过在TikTok上推出直播带货和限时促销活动，提升了消费者的购买意愿，并实现了可观的销售转化，有力地促进了整体销量的增长。

（3）用户忠实度的提升

通过与TikTok用户的互动，优衣库不仅建立了广泛的粉丝群体，还成功提高了用户对品牌的忠实度。通过让消费者以短视频、直播等形式与该品牌进行互动，不仅加深了他们对该品牌的印象，还激发了他们分享自己穿搭的愿望，从而形成了品牌的自传播效应。

5.5 未来TikTok在跨境电商领域的发展趋势

TikTok作为全球增长最快的社交平台之一，近年来已经超越了传统的社交媒体角色，逐渐成为跨境电商的重要阵地。随着平台用户量的激增以及电商功能的持续优化，TikTok无疑已成为品牌营销与电商交易的新兴引擎。

未来，TikTok有望在跨境电商领域取得更大的突破，尤其是在个性化购物、社交互动、内容驱动营销等方面的创新和发展，将为电商行业带来颠覆性的变化。

1. 社交电商的多维度互动

社交电商的核心在于通过社交关系链、用户互动来推动交易，而TikTok无疑是这种模式的最佳实践者。

通过"社交+电商"模式，TikTok将进一步打破传统电商平台与用户之间的隔阂，形成更加紧密的社区氛围。品牌和商家可以通过社交化的方式与用户建立更深入的情感联结，激发用户的参与和购买欲望。

TikTok的"直播带货"模式会持续拓展。未来，它绝非仅为简单的产品呈现，而是会演变成更加个性化与定制化的购物体验范式，为用户带来全新的感受。TikTok或将推出更为多元的互动形式，如实时投票、弹幕互动等，从而更紧密地衔接用户需求与商家产品。用户不仅是购买者，还是电商链条中的重要参与者，TikTok平台的社交属性将赋予用户更多的影响力和主导权。

2. 数据驱动的个性化推荐与精准营销

TikTok凭借其强大的数据分析能力和算法推荐引擎，已成为连接品牌与消费者的重要平台。未来，TikTok将在个性化推荐和精准营销领域进一步深化，通过对用户行为数据的深度挖掘，为品牌提供更加高效、定制化的营销工具，提升广告投放的精准度和效果。

TikTok的推荐系统将会更加依赖用户的电商行为数据，如购买历史、浏览记录、互动频率等。通过收集和分析这些数据，TikTok能够深入理解用户的兴趣偏好与消费习惯，从而推送与其需求高度契合的商品和内容。

未来，TikTok会在跨平台数据整合领域强化合作，促进不同平台间的数据共享，以实现信息更高效的流转与利用。例如，TikTok与电商平台（如亚马逊、Shopify等）的合作可能会进一步加深，利用跨平台的数据共享为品牌提供更多元化的营销手段。这不仅有助于品牌实现更高效的用户触达，还能提升营销活动的一致性和协调性，进而提高客户转化率和长期留存率。

3. AR与VR技术的应用：提升沉浸式购物体验

随着AR与VR技术的持续演进，TikTok日后会逐步引入此类新技术，为用户提供更具沉浸感的购物体验。通过AR技术，用户可以在TikTok平台上试穿衣物、试戴饰品，甚至体验虚拟的家居装修等，仿佛置身于真实的购物场景中。

例如，TikTok或许会推出基于AR技术的虚拟试妆功能，使用户可以通过摄像头看到自己使用化妆品后的效果，继而直接购买相关产品。

4. TikTok电商生态圈的形成

TikTok未来可能会通过持续的技术创新和平台优化，逐步构建一个更加完善的电商生态圈。这一生态圈将不仅仅局限于商家与消费者之间的买卖关系，而是将品牌、KOL、内容创作者、用户等多方元素有机结合，形成一个完整的跨境电商闭环。同时，内容创作者和KOL将继续扮演重要角色，他们不仅仅是商品推荐的传播者，更可能成为与品牌合作的关键伙伴。

5. TikTok 与AI的交融：智能客服与购物助手

AI技术的蓬勃发展必将对TikTok的电商功能产生重大的影响，其作用不容小觑，将引领电商领域发生深刻的变革。在未来，TikTok极有可能借助AI之力，显著提升购物体验，大幅降低用户的决策成本，并对购物流程予以优化。

智能客服有望成为用户与商家交流的关键渠道。它不但能够显著提高服务的效率，而且能够凭借自然语言处理技术，更为精准地理解用户的需求。TikTok 或许还会推出AI购物助手，助力用户在平台上探寻契合其兴趣和需求的商品。

未来，TikTok将在短视频电商、社交互动、电商数据分析、虚拟购物体验等多方面继续发力，通过创新和技术的结合，构建更加完善和具有吸引力的跨境电商生态系统。作为一个以内容为驱动、以社交为核心的平台，TikTok将在电商领域继续塑造独特的商业模式，并为全球电商生态带来更多可能性和机遇。

不容忽视的区域跨境电商平台

第6章

6.1 虾皮：东南亚地区主要的跨境电商平台

跨境电商优势凸显，为商业拓展带来新机遇，促使众多商家纷纷投身其中。东南亚地区，作为全球经济增长最快的区域之一，吸引了大量跨境电商平台和商家的关注。

虾皮创建于2015年，是新加坡科技公司Sea（原称Garena）推出的电子商务平台。凭借显著的本地化优势、庞大的用户基数和丰富多样的功能，虾皮逐渐成为东南亚地区重要的跨境电商平台。

1. 虾皮概述与发展历程

起初，虾皮的发展重心在东南亚市场，随着平台业务的持续拓展，它逐渐涉足中国、巴西等市场，并占据了不小的市场份额，成为广大消费者和商家都较为青睐的购物平台之一。

虾皮的快速崛起得益于其灵活且创新的运营模式。通过充分了解和满足不同国家和地区用户的需求，虾皮成功地打造了一个跨境电商生态系统，使得全球卖家可以轻松进入东南亚市场。

2. 虾皮的平台优势

虾皮作为一个发展时间较短的跨境电商平台，具有十分明显的平台优势，如图6-1所示。

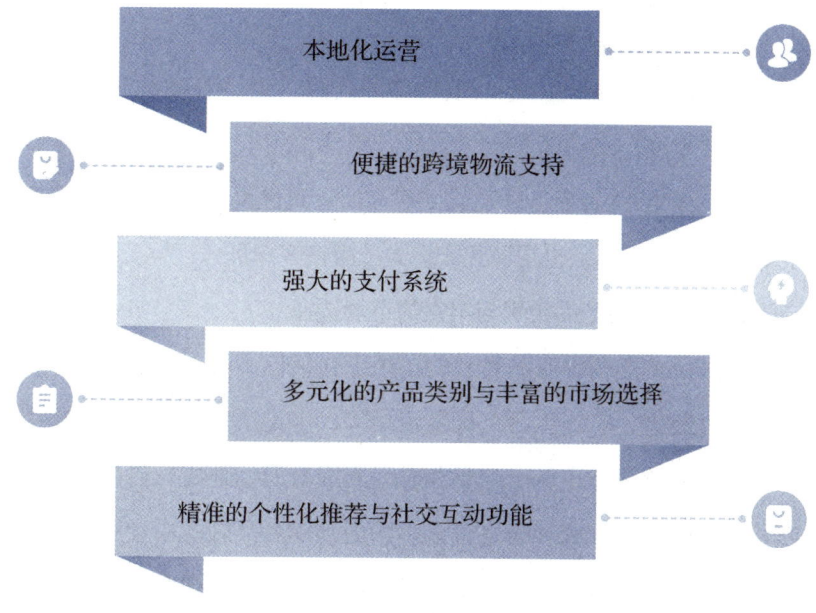

图6-1

（1）本地化运营

东南亚地区的不同国家在支付偏好、购物行为及物流需求方面都有显著差异，因此，虾皮在深入了解和适应本地市场方面非常重视。例如，虾皮在泰国和印度尼西亚市场中，通过提供本地语言界面、本地常用支付方式以及针对本地节日的促销活动，成功吸引了大量本地消费者。

（2）便捷的跨境物流支持

虾皮通过与多家当地和国际物流服务商的合作，建立了完善的跨境物流网络。例如，虾皮推出了"Shopee Xpress"这一自有物流服务，不仅为卖家提供快速、可靠的配送服务，还能在各个国家提供统一的物流追踪服务，确保了货物的及时送达。

（3）强大的支付系统

为了适应东南亚地区不同消费者的支付习惯，虾皮构建了一个多元化的支付系统，支持多种支付方式，包括信用卡、借记卡、电子钱包（如支付宝、GrabPay等）以及最受欢迎的货到付款方式。这为消费者提供了更多的支付选择，也帮助卖家扩大了潜在客户群体。

（4）多元化的产品类别与丰富的市场选择

虾皮平台支持多种商品类别的销售，包括但不限于电子产品、时尚服饰、美妆健康、家居生活、母婴用品等，满足了消费者在各个生活场景中的需求。特别是在电子产品和时尚服饰方面，虾皮凭借强大的品牌合作和市场影响力，成功吸引了众多国内外知名品牌及中小型卖家的入驻。这样多元化的商家结构不仅丰富了商品种类，也提升了市场的竞争力，进一步促进了平台生态的繁荣。

（5）精准的个性化推荐与社交互动功能

虾皮平台的算法推荐系统基于深度学习和大数据分析，能够精准识别并预测用户的购买需求。虾皮的直播功能"Shopee Live"，进一步推动了虾皮的社交电商模式的发展，让购物不仅是单纯的购买行为，还成了社交和娱乐的一部分。这种互动式购物方式在东南亚市场中广受欢迎，因为它不仅提升了消费者的参与感，还帮助商家与消费者建立了更紧密的联系。

3. 利用虾皮进行跨境电商运营的注意事项

（1）优化产品列表和页面设计

卖家必须在虾皮平台中自家店铺的产品列表上投入精力，确保展示出能够吸引消费者眼球的高质量图片和精准的产品描述。详细的产品信息和准确的规格说明能够帮助消费者做出购买决策，而使用当地语言则能够减少沟通障碍，增强用户的信任感。

（2）充分利用虾皮的营销工具

虾皮为卖家提供了丰富的营销工具，如秒杀活动、平台广告以及社交媒体广告等。同时，虾皮的广告系统使卖家能够通过精准投放广告，触及潜在消费者群体，提升产品的市场认知度。虾皮的直播功能"Shopee Live"，能为商家开拓出新颖的销售渠道，增强互动性，创造更多销售机遇，已成为平台商家营销的强效利器。

（3）深入了解东南亚消费者的购物习惯

东南亚市场的消费者在购物习惯上有其独特之处，了解并适应这些习惯是卖家成功的关键。例如，在东南亚地区，货到付款的支付模式非常普遍，众多消费者对此青睐有加，因此卖家务必提供该支付选项；东南亚市场的消费者对价格较为敏感，因此促销活动、折扣和打包优惠通常会有很好的市场反应。

（4）重视物流与售后服务

在跨境电商运营中，虾皮为卖家构建了完备的跨境物流解决策略，商家能根据实际需求挑选靠谱的物流伙伴，从而保障商品按时送至消费者手中。

6.2 Ozon：俄罗斯主要的跨境电商平台

Ozon是俄罗斯最大的电子商务平台之一，创立于1998年。起初它只是个在线书店，后来逐渐发展为全方位平台，商品类别极为广泛，如家居、电子产品、服装、食品、日用品等，几乎无所不有。Ozon作为俄罗斯本土领先的电商平台，在俄罗斯市场中的影响力和知名度非常高，并逐渐在跨境电商领域占据了重要地位。

近年来，因为俄罗斯经济与消费者购物习惯的变化，Ozon持续拓展市场份额，大力助推跨境电商业务，对海外品牌及卖家的吸引力日增。2020年，Ozon在美国纳斯达克成功上市，进一步增强了其在全球市场中的影响力，吸引了大量国际投资和资源。

下面将从几个方面详细讲解一下Ozon这个跨境电商平台的特点，如图6-2所示。

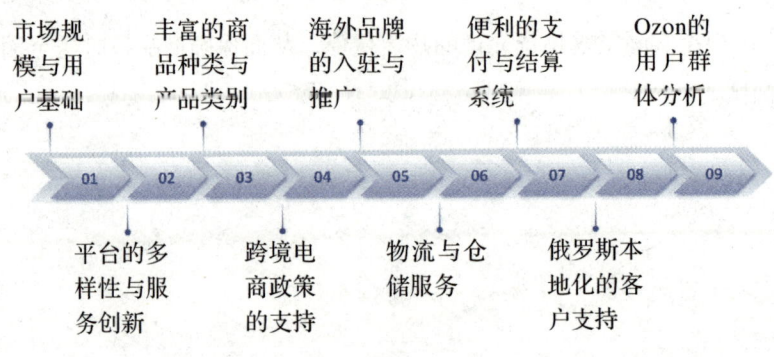

图6-2

1. 市场规模与用户基础

作为俄罗斯本土的电商巨擘，Ozon在其本土市场中拥有庞大的用户群体。2023年，Ozon 活跃用户数已突破2500万。凭借俄罗斯辽阔的地域及多元的消费需求，Ozon不仅深得众多俄罗斯本土消费者青睐，也吸引了众多渴望进驻俄罗斯市场的国际品牌。

2. 平台的多样性与服务创新

Ozon不单是商品销售的平台，更提供了包括物流、支付、营销等在内的多个增值服务。Ozon物流系统甚为出色，构建了专属的仓储网络及配送体系，能为卖家提供高效服务，有力地促进卖家业务的拓展。Ozon与众多俄罗斯本土配送企业携手合作，进一步增强平台配送效能，保证商品迅速、高效地送抵消费者手中。

3. 丰富的商品种类与产品类别

Ozon所供应的商品几乎囊括了各类消费品，如电子产品、书籍、服装、食品、家居用品、汽车配件及健康与美容产品等。通过多样化的商品种类，Ozon吸引了各种类型的消费者，无论是追求高端科技产品的年轻人，还是寻求日常生活必需品的家庭主妇，都能在Ozon上找到合适的商品。

4. 跨境电商政策的支持

为吸引包括中国卖家在内的更多海外卖家，Ozon大力出台了一系列有益于跨境电商的政策，意在拓展市场、增强影响力、推动跨境贸易蓬勃发展。它专门设立了跨境电商部门，不仅提供多语言支持和便捷的本地化服务，还有专业的客户支持团队为其保驾护航。此外，Ozon还推出了针对跨境卖家的"全球市场计划"，帮助海外卖家快速适应俄罗斯市场的特殊需求，降低进入门槛。

5. 海外品牌的入驻与推广

由于俄罗斯市场对海外商品有着强烈需求，尤其是中国、韩国、美国等国的商品，因此Ozon为这些国家的商家提供了优越的入驻条件。特别是在电子消费品、服装及日用品等方面，Ozon平台上的跨境商品地位愈发重要。平台专为众多海外品牌打造俄罗斯本土化销售途径，助力其突破语言与文化障碍，快速触及当地消费者，拓展商业版图。

6. 物流与仓储服务

Ozon的跨境电商服务并不局限于平台销售，还包括物流和仓储等方面。其服务涵盖甚广，各环节相互关联，共同铸就完整生态。Ozon布局了众多物流节点与仓库，助力卖家在本地存储商品，进而提供更为迅速的配送服务，有效提升用户体验。同时，Ozon还推出了集成化的国际物流方案，支持海外卖家通过Ozon的物流合作伙伴将商品直接运送到俄罗斯市场。

7. 便利的支付与结算系统

跨境电商的一大难题就是支付与结算，尤其是在跨越多个国家的货币转换和资金流转方面。Ozon在这方面提供了简便的解决方案，它支持多种国际支付方式，包括信用卡、PayPal等，以及俄罗斯本土的支付系统

（如Yandex Money），帮助外国卖家解决支付难题。同时，Ozon为卖家提供了稳定且透明的结算系统，确保卖家的收入按时到账。

8. 俄罗斯本地化的客户支持

Ozon深知本地化服务对于跨境卖家的重要性。因此，Ozon提供了不同语言的客户服务与咨询，以助力外国卖家同本地消费者搭建起更为通畅的沟通桥梁。此外，Ozon还设有专门的售后支持团队，解决卖家在交易过程中可能遇到的各种问题，包括退换货、物流延误等。

9. Ozon的用户群体分析

俄罗斯的国土辽阔，消费者的购买习惯及偏好差别明显。在这片辽阔的商业领域，多样化的需求亟待满足。Ozon身为俄罗斯电商领域的领军者，深知此理，因此根据不同消费者的需求与不同地域的特色，进行了相应的策略调整。

（1）大城市与乡村的需求差异

俄罗斯消费者多集中在莫斯科、圣彼得堡等大城市，但需注意的是乡村及远东地区的消费者对电商的需求也不容小觑。在大城市，消费者常对商品的品牌和质量青睐有加；但在乡村地区，消费者通常更看重商品的实用性与性价比。Ozon凭借丰富多样的商品、极具吸引力的价格及迅速便捷的物流，成功吸引了不同地区的消费者。

（2）消费群体的年轻化

随着智能手机的广泛普及与互联网渗透率的持续攀升，在俄罗斯，年轻人群体逐渐成为电商消费的关键力量。他们不仅关注价格，还更加注重商品的时尚性和个性化，尤其在电子产品、时尚服饰和美容产品等领域，年轻消费者的购买力不容小觑。

（3）重视商品的性价比

目前，在多重因素的共同作用下，俄罗斯经济形势欠佳。因此，在购物时，众多俄罗斯消费者尤为看重商品的性价比，对国内外品牌的价格差异更是极为关注。而在Ozon平台上，跨境商品往往有着突出的价格优势。因此，Ozon平台上执着追求高性价比跨境商品的消费者日益增多。

受益于俄罗斯市场对外贸易需求的不断攀升，Ozon也正在逐步跻身跨境电商热门平台之列。该平台的商品品类众多，物流与支付体系强大，本土客户支持服务完备，再加上灵活的跨境电商政策，为海外卖家进军俄罗斯市场营造了绝佳条件。

6.3 来赞达：阿里巴巴旗下专注东南亚市场的跨境电商平台

来赞达是阿里巴巴集团旗下的跨境电商平台，成立于2012年，专注于东南亚市场的电商业务。自成立以来，来赞达迅速成长为东南亚地区最大的线上零售平台之一，业务覆盖新加坡、马来西亚、泰国、菲律宾、印度尼西亚和越南等国家。

作为阿里巴巴集团的战略重要组成部分，来赞达不仅在零售、电商领域拥有领先地位，还凭借其背后强大的物流和支付系统，逐渐成为跨境电商卖家进军东南亚市场的重要选择。

1. 来赞达的市场地位与优势

下面将从几个方面来分析来赞达的市场地位与优势。

（1）东南亚市场的主导地位

根据数据显示，东南亚互联网用户总数已超过4亿，其中移动互联网用户占比超过70%。2023年，来赞达的年总交易额已经达到了数十亿美元，平台的活跃买家和卖家数量不断攀升，覆盖了东南亚主要市场的大部分电商需求。

（2）平台多样化的业务模式

来赞达不仅仅是一个线上零售平台，它采用了B2C和C2C结合的双向模式，允许各类商家在平台上开设店铺并进行交易。这种灵活的商业模式使得来赞达在产品和供应商的选择上更加丰富，涵盖了从全球品牌到本地商家的各种商品。

（3）强大的阿里巴巴生态支持

来赞达身为阿里巴巴集团的一员，在技术、物流、支付等多个方面，都能获取阿里巴巴集团的有力支撑，从而得以蓬勃发展。

首先，阿里巴巴的云计算技术成为来赞达的坚实后盾，为其提供稳定支撑，确保平台得以高效运转，展现出强大的保障力量。

其次，阿里巴巴研发的全球支付系统——支付宝在东南亚普及度高，使得跨境电商交易更加便捷、安全。

再者，阿里巴巴在全球的物流网络（如菜鸟）使得来赞达能够高效地进行跨境物流配送，缩短了商品从卖家到消费者手中的时间。

（4）东南亚市场的本地化优势

历经多年的本地化运营，来赞达对东南亚市场的消费者需求及购物习惯已然有了深刻理解。在这些国家和地区，由于文化背景与消费习惯的差异，平台不仅提供多语言、多货币支付方式，还根据各国实际状况制定独特的营销策略。例如，在泰国，来赞达推出了钱包功能"Lazada Wallet"，有利于消费者实现更便捷的本地支付；在印度尼西亚，其与本地物流公司携手，加快商品配送，增强了时效性。

2. 来赞达的跨境电商运营模式

（1）跨境商品入驻

来赞达的跨境电商政策极具魅力，吸引着无数从业者的目光，使该平台成为该领域备受瞩目的存在。首先，该平台推出了简化的入驻程序，让卖家能够迅速开设店铺并上架商品，极大地提高了运营效率，为商业拓展创造了有利条件。其次，来赞达给予跨境卖家全方位支持，涵盖物流、支付及客户服务等方面，大幅降低了进入东南亚市场的难度。

来赞达这一跨境电商平台仿若一座坚实桥梁，全力助推全球卖家，特别是中国卖家，顺利迈入东南亚市场。通过来赞达，卖家不仅可以轻松地将商品销售到东南亚的各大市场，还能借助平台的本地化服务更好地接触到当地消费者。

（2）物流与配送服务

来赞达通过与阿里巴巴旗下的菜鸟物流公司合作，建立了覆盖东南亚各个国家的物流配送体系。菜鸟堪称全球领先的物流与供应链技术企业，在全球范围内具备强大的仓储、运输及分拣实力。在东南亚，来赞达的跨境电商卖家可以通过菜鸟网络将商品运送至当地仓库，再由平台进行本地配送。

（3）支付系统

为了适应东南亚市场的支付需求，来赞达不仅支持支付宝支付，还支持当地流行的支付方式，如信用卡、借记卡及本地的电子钱包（如泰国的TrueMoney、印度尼西亚的OVO等）。多样化的支付模式显著降低了消费者的支付门槛，大幅提升交易的便利性与成功率，使消费过程更为顺畅、高效。

3. 来赞达的用户群体与消费趋势

（1）年轻化的消费群体

在东南亚，互联网用户多为年轻人，主要分布在印度尼西亚、越南等国。这些年轻消费者习惯于通过手机进行在线购物，注重品牌的时尚性与实用性。来赞达通过吸引时尚服饰、数码和美妆等类别的全球热门品牌，成功满足了这一代年轻消费者的需求。

（2）中低收入群体的崛起

东南亚的中低收入群体数量庞大，消费需求日益增长。来赞达的跨境电商业务，通过提供具有价格竞争力的商品，为这一群体提供了更多选择。

（3）移动电商的主导地位

在东南亚电商市场中，移动端的购物需求日益强劲，智能手机已成为主要的购物工具。来赞达早早推出了移动APP，优化了移动端购物体验，使得消费者能够随时随地进行购物。来赞达不断优化APP界面，推出多种功能（如AR试衣、即时客服等），使得消费者能够享受到流畅和便利的购物体验。

（4）本地化消费习惯

每个东南亚国家的消费习惯和文化背景各有不同，来赞达通过深入了解各国的消费者需求，推出定制化的营销和促销活动。

对于跨境电商卖家来说，来赞达提供了一个极具潜力的平台，特别适合希望进入东南亚市场的卖家。通过平台的多样化运营模式、灵活的支付系统以及强大的物流支持，卖家能够更加高效地拓展东南亚市场并实现长期增长。然而，要在这个平台上取得成功，卖家需要充分理解当地市场的消费习惯、优化运营策略并保持灵活的应变能力。随着来赞达不断完善自身的产品和服务体系，未来将有更多机会涌现，为跨境电商卖家提供更多的商机。

6.4 Wish：北美及欧洲地区主要的跨境电商平台

Wish是一个全球领先的跨境电商平台，成立于2010年，总部位于美国旧金山。作为一家创新型电商公司，Wish在全球范围内以"极致低价"和"个性化购物体验"吸引了大量消费者，尤其在北美和欧洲市场表现突出。

Wish的最大闪光点在于其别具一格的商业模式：直接连通消费者与全球制造商，避开中介环节，进而能够以极具竞争力的价格供应商品。Wish平台和传统电商平台最为显著的差异在于其精简的用户体验以及去中介化的供应链模式。

1. Wish 的目标用户

和亚马逊、易贝等电商巨擘相比，Wish在全球范围内所提供的商品价格总体偏低，这恰恰是其成功吸引大批消费者的关键因素之一。Wish在全球电商市场的目标用户如下。

（1）年轻消费者群体

根据Wish的数据显示，约80%的用户年龄为18~35岁，而这个年龄段的消费者更愿意在移动端进行购物。为了迎合这一趋势，Wish将自身的产品定位为移动端优先，优化了移动端购物体验，推动APP用户量的增长。

（2）低收入及中低收入群体

与许多传统电商平台不同，Wish将自己定位成服务那些预算有限的消费者的平台，尤其是在北美和欧洲的一些低收入人群中，Wish通过较低的商品定价获得了大量的用户。价格对于这些消费者来说是最重要的购买决策因素，而Wish平台的廉价商品能够满足他们日常的消费需求。

（3）喜爱折扣和促销的消费者

Wish平台所采取的策略是借助折扣、优惠券及每日特价等方式来吸引消费者，这一策略对于钟情于折扣的消费者而言，具有极强的吸引力。

（4）全球跨境消费者

Wish的跨境电商模式使其得以面向全球市场，除了北美和欧洲，Wish在亚洲、拉丁美洲及中东等新兴市场也拥有颇为庞大的用户基数。该平台凭借全球化商品配送、灵活支付手段与优化的用户体验，满足了全球消费者的购物需求。

2. Wish的独特商业模式

Wish的商业模式与传统的电商平台存在差异，其特质体现为低成本运营、极简的用户界面以及高度依赖移动端。

（1）去中介化供应链

Wish凭借与全球制造商及小型供应商的直接合作，绕开了传统电商平台的中介环节，从而能够大幅降低商品价格。该平台上的商品通常出自中国及其他亚洲国家的小型工厂，这些工厂制造的商品能够以极低的价格借由Wish直接送达全球消费者手中。

（2）移动端优先的购物体验

与许多传统的电商平台不同，Wish的商业模式显著依赖移动端的购物体验，特别是通过其高效、简洁的手机APP界面来吸引用户。对于年轻的消费者，尤其是"Z世代"人群，移动端购物已成为他们日常生活的重要部分。因此，Wish颇受市场上的年轻用户欢迎。

（3）精准推荐与个性化购物

Wish平台依托强大的数据分析能力和人工智能技术，深入挖掘用户的行为数据，包括浏览习惯、购买历史和搜索偏好等，利用机器学习算法为每位用户打造独特的购物体验。这不仅优化了用户的购物流程，也提升了用户购买的精准度，从而促进了销量的增长。

（4）聚焦性价比与低价商品

Wish的自身定位是价格极其亲民的平台，凭借低廉的价格优势吸引着众多消费者的目光。其平台上的众多商品源自中国制造商，这些商品的生产成本相对较低，因而能够给出极具竞争力的价格。

3. Wish平台的运营模式

下面将从四个方面来详细讲解Wish的运营模式，如图6-3所示。

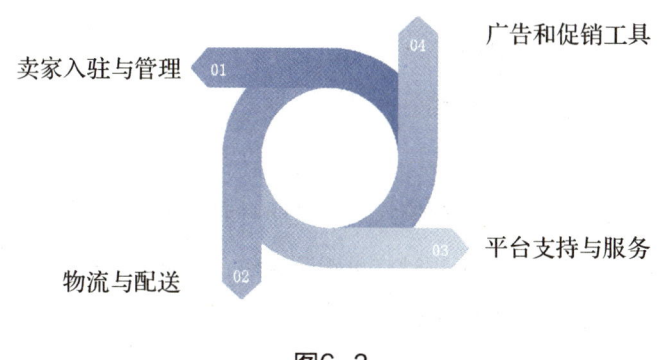

图6-3

（1）卖家入驻与管理

Wish平台的进驻门槛颇低，它允许不同规模的卖家入驻，特别是来自中国、东南亚及其他亚洲国家的中小规模供应商。卖家入驻Wish平台无须承担高昂的入驻费用与固定月租，仅需依据销售额按一定比例支付佣金即可。对于这些卖家来说，Wish不仅是一个低门槛的电商平台，更是一个突破地域限制、进入北美和欧洲市场的理想渠道。此外，Wish也为卖家提供了详细的销售报表和运营分析，帮助其优化销售策略，提升经营效率。

（2）物流与配送

虽然Wish平台的商品普遍价格较低，但它的物流体系依然是全球化的。Wish携手众多国际物流公司，确保商品可迅速送达消费者手中，以满足消费者的期待。平台也提供了多样的物流选项，涵盖经济型与加速型配送模式，契合不同消费者的多元需求。然而，由于平台上的商品大多通过跨境电商模式进行配送，物流时效在某些情况下仍面临挑战，尤其是在购物高峰期，如"黑色星期五"、圣诞节等，配送时效可能会延迟。

（3）平台支持与服务

Wish为助力卖家优化运营，精心研发了一套完备的运营工具，涵盖商品管理、订单处理、广告投放及数据分析等功能。卖家能够借助平台的分析工具，明确商品的销售状况，进而对商品定价与促销策略予以调整。Wish还为卖家提供了实时订单跟踪系统，帮助其及时掌控库存及物流详情，避免库存积压和配送延误等状况发生。

（4）广告和促销工具

Wish平台为卖家提供众多广告推广渠道，如平台内的推荐广告、搜索引擎广告等，丰富多样，助力卖家提升曝光度。平台还定期推出大型促销活动，如"黑色星期五"促销、圣诞节大促和夏季促销等，卖家可以通过参与这些活动，借助平台的流量和市场推广，对商品进行大幅度折扣促销，吸引大量消费者购买。

对于期望进军北美与欧洲市场的卖家，Wish搭建了门槛低且高效的跨境电商平台。然而，Wish也正遭遇着严峻的市场竞争考验，如商品质量把控以及物流配送方面的挑战等。在未来的发展中，Wish需要继续优化用户体验、加强卖家监管并提升物流配送效率，以进一步巩固其在全球电商市场中的地位。

6.5 适合新手的跨境电商平台推荐

对于刚刚进入跨境电商领域的新手卖家来说，选择合适的跨境电商平台至关重要。一个合适的平台不仅能帮助卖家快速接触到国际市场，还能通过优化的运营工具和市场支持，降低运营难度，加速业务拓展。新手卖家在选择跨境电商平台时，应审慎考量市场潜力、竞争态势、费用构成、流量出处、支付结算与物流体系等多个要素。从这些方面来考虑，亚马逊、易贝、虾皮、来赞达等平台较为适合想要入局跨境电商的新手。

1. 亚马逊：全球电商巨头

亚马逊作为全球首屈一指的跨境电商平台，业务覆盖北美、欧洲、亚洲等地，在多个区域市场彰显着其强大的影响力和广泛的覆盖面。它无疑是许多新手卖家首选的平台。

（1）为什么新手可以选择亚马逊?

①广泛的市场覆盖：亚马逊在全球范围拥有显著的市场份额，尤以美国、德国、英国、日本等核心市场为主。卖家借助平台强大的流量，能够触及众多潜在买家。

②成熟的卖家支持体系：亚马逊为卖家提供了丰富的工具和资源，包括广告、物流、卖家后台管理、客户服务等，帮助卖家降低了运营难度。

③坚实的全球化物流保障：通过亚马逊的FBA服务，新手卖家无须

顾虑物流事宜，能专心于商品上架和销售。

④便捷的产品曝光与流量：由于亚马逊流量规模庞大且多元，众多新手卖家能够借助平台的自然流量，或者运用亚马逊广告系统，提升产品曝光率。

（2）如何快速入驻？

对于新手卖家，亚马逊平台的入驻流程较为简洁，且官方提供了丰富的入驻指南。尤其是在美国和欧洲市场中，亚马逊已经形成了标准化的运营体系，新手卖家可以较快地适应并开始运营。卖家可以通过亚马逊卖家平台进行后台管理，逐步学习如何设置产品列表、优化关键词、使用FBA服务等。

2. 易贝：低门槛、适合个体卖家的大平台

易贝作为全球广为人知的电商平台，通过拍卖和固定价格销售这两种模式进行商品销售，深受消费者青睐。易贝平台门槛颇低，特别适合刚刚转型跨境电商的个人卖家及小型企业。

（1）为什么新手可以选择易贝？

①较低的入驻门槛：与亚马逊相比，易贝的入驻门槛较低，尤其适合没有大量资金和库存的新手卖家。卖家能够选取成本较低的商品来尝试，而后循序渐进地积累经验，如此便能在市场中稳步前行。

②灵活的销售模式：易贝兼具拍卖模式与固定价格销售模式，卖家能根据自身需求从中挑选最为适配的销售模式。对于初入跨境电商领域的新手卖家而言，这种灵活性极具吸引力。

③广阔的国际市场：易贝所涵盖的市场并非仅局限于美国，其在欧洲、澳大利亚及亚洲等地的用户活跃度较高，卖家可触及更为广泛的客

户群。

④强大的国际支付与物流支持系统：易贝提供如PayPal等国际支付工具，令卖家能够轻松接纳来自全球用户的支付款项，从而畅享便捷的跨境交易。

（2）如何快速入驻？

易贝的入驻流程简单，卖家可以通过注册易贝账户并提交所需的基本资料来开始运营。该平台的后台支持相对直观，卖家可以轻松上传产品、设置价格，并通过平台中的广告工具提升产品曝光度。

3. 虾皮：东南亚市场中的强劲平台

虾皮属于东南亚备受青睐的电商平台之一，近些年来，在全球市场中的拓展步伐极为迅速。虾皮凭借低费用与强大的本地化支持成为众多卖家的理想之选，其优势明显能为新手卖家提供有力保障。

（1）为什么新手可以选择虾皮？

①低费用和灵活性：虾皮采用免佣金或低佣金的收费模式，大大降低了新手卖家的运营成本；同时，虾皮也没有强制要求卖家必须通过广告推广产品，卖家可以根据自身情况灵活调整营销策略。

②强大的本地化支持：虾皮针对东南亚各国市场深入适配，提供多语言、多货币及多种支付方式，令卖家能更轻松地涉足不同市场。

③简化的物流解决方案：虾皮平台携手东南亚多家当地物流公司，推出简化的物流方案，为卖家尤其是新手卖家，提供灵活选择，帮助他们解决跨境物流这一棘手难题。

④广泛的市场潜力：东南亚是全球增速最快的电商市场之一，并且虾皮拥有大规模的活跃用户基础。

（2）如何快速入驻？

虾皮入驻门槛较低，卖家只需要提交相关资料，审核通过后即可在平台上开始运营。平台还提供了详细的入驻指南及卖家支持团队，帮助新手卖家快速了解平台规则。

4. 来赞达：阿里巴巴布局东南亚的电商巨头

来赞达与阿里巴巴的电商技术和资源优势紧密相连，是新手卖家在东南亚市场中的优秀选择。

（1）为什么新手可以选择来赞达？

①强大的品牌支持：来赞达背后拥有阿里巴巴的强大技术和物流体系，新手卖家可以依托这一体系，快速实现跨境电商的布局。

②丰富的培训和支持资源：来赞达为卖家提供了大量的培训课程和工具，包括产品上架、定价策略、广告投放、物流管理等，帮助新手卖家从零开始运营店铺。

③多平台流量导入：由于来赞达与其他跨境电商平台如速卖通等有紧密合作，卖家可以利用这些平台间的流量互通，提升销售潜力。

（2）如何快速入驻？

卖家只需通过来赞达卖家中心完成注册，提交相关信息和产品资料，待审核通过后即可开始在平台上运营。此外，来赞达还提供了各种营销工具，如秒杀、打折等，帮助新手卖家快速吸引消费者。

5. 适合新手的跨境电商平台推荐总结

亚马逊、易贝、虾皮、来赞达等平台，各自都有独特的优势和特点，新手卖家应根据自身的资金、产品类型、目标市场及运营能力来做出选择。

如果你的目标是全球市场，且能够承担较高的竞争压力和费用结构，亚马逊无疑是最好的选择。

如果你是个人卖家且预算有限，有着灵活销售模式和较低入驻成本的易贝非常适合你。

如果你瞄准的是东南亚市场，虾皮和来赞达都具有强大的本地化支持系统和市场潜力，是非常不错的选择。

无论选定何种平台，成功的跨境电商运作都离不开持之以恒的学习与适时的调整。新手卖家需擅用平台赋予的工具与资源，持续增进自身的运营能力，从而在全球电商的激烈角逐中崭露头角。

跨境电商的营销与品牌建设

第7章

7.1 SEO与SEM在跨境电商中的应用与效果分析

在跨境电商领域，企业面对的是语言、文化、消费习惯千差万别的用户群体，所以在流量获取与营销策略方面，其难度较国内市场大幅提高。在这种背景下，SEO和SEM成为跨境电商平台实现流量突破的两大核心工具。

1. 跨境电商环境下的SEO策略

（1）语言多样性

关键词与内容的翻译和本地化工作，务必要着眼于整个目标市场的语言习惯，绝不能仅仅进行简单的语言转换。

（2）搜索习惯差异

不同国家和地区的用户，其搜索习惯大相径庭，如美国用户倾向于搜索具体产品，欧洲用户则更注重品牌背景。

（3）多平台兼容性

跨境电商企业不应仅将目光简单聚焦在谷歌等全球搜索引擎，还需要注意Yandex、Naver等区域性搜索引擎，以及不同搜索引擎的兼容性。这些挑战要求企业的SEO策略既具有全球视野，又能因地制宜。

2. SEO基础优化策略

跨境电商的SEO优化主要包括以下几个步骤。

（1）关键词的多维度优化

①市场洞察：运用Google Keyword Planner或Ahrefs等工具，剖析目标市场关键词的搜索量与竞争强度。

②多语言关键词挖掘：采用本地化工具生成符合目标用户语言习惯的关键词组合。

③语义优化：避免直译关键词，结合文化背景设计更具吸引力的长尾关键词，例如，"价格实惠的鞋子"这个语义在一些国家表述为"affordable shoes"，而在另一些国家则应表述为"budget-friendly footwear"。

（2）内容与结构优化

①本地化内容：创作契合目标市场文化与习俗的原创内容，如节日促销专题或使用场景指南。

②优化页面架构：优化页面架构的关键在于构建明晰的页面结构，使用户能够迅速获取所需信息。

③技术优化方面：技术优化方面需要提升网站加载速率，运用结构化数据强化搜索引擎的理解能力。

（3）外部链接与信任度建设

区域性链接合作的关键在于同目标国家的行业网站等构建合作关系以获取外链支持，而社交信号整合需要借助社交媒体分享内容，增加外链机会，进而提升品牌曝光度。

3. SEM在跨境电商中的快速引流作用

（1）SEM的价值与应用场景

SEM通过付费广告精准吸引目标用户，成为SEO的强效补充。特别是在以下场景中，SEM的作用尤为明显。

①新品发布：平台上的企业在新品发布时可以通过SEM快速获取用户注意力，为新品上市造势。

②季节性促销：平台上的企业还可以利用节日或季节性需求高峰期，投放高转化广告。

③市场试探：在进入新市场时，通过SEM测试用户反应和关键词表现，为长期SEO优化提供数据支持。

（2）SEM广告形式及选择

跨境电商的SEM通常采用以下广告形式。

①搜索广告：对于具有高意图的用户（如搜索具体产品关键词者）展示搜索信息，以提高点击率。

②展示广告：通过运用横幅、图片等视觉化广告素材来吸引潜在客户。

③购物广告：通过展示产品图片、价格与评分等购物信息，吸引购买意向明确的用户。

④再营销广告：企业面向已完成购买的用户投放个性化广告，进而提升复购率的再营销广告。

4. 精准投放与效果优化

（1）关键词竞价策略

①定位区域关键词：针对不同国家制定独立的关键词竞价策略，以防资源浪费的区域关键词。

②过滤否定关键词：排除如"免费""二手"等易致低转化的无关流量关键词。

（2）动态创意优化

借助动态创意技术自动生成契合用户兴趣的广告内容，如面向不同地域的用户展示与特定语言或文化相关的广告。

（3）数据驱动的优化决策

借助Google Ads分析工具监测点击率、转化率等关键指标，对表现优异的关键词追加预算，同时立即停用低效关键词。

5. SEO与SEM的协同效应

SEO和SEM在跨境电商中的协作远大于单独使用时的效果，主要体现在以下几个方面。

（1）数据共享与策略调整

SEO与SEM可以共享关键词和用户数据，因此可以借助SEM验证SEO关键词，还可以通过SEO占领部分自然流量，减少对SEM的依赖，降低总广告成本。

（2）全渠道覆盖用户行为路径

SEO和SEM分别覆盖用户行为的不同阶段，通过SEO高质量内容引导用户发现和信任品牌，针对购买意图明确的用户展示精准SEM广告。

（3）品牌曝光与信任构建

SEM可以通过频繁曝光提升品牌知名度，而SEO通过深度内容建立品牌信任度，二者结合能有效增强用户对品牌的信任和黏性。

6. 效果评估与案例分析

（1）SEO效果评估

SEO效果的评估需要从多维度进行，以便准确判断优化策略的有效性，以下是优化后的主要评估方向。

①自然流量增长：自然流量是衡量SEO成效的基础指标，通过Google Analytics或其他分析工具，可以监测不同渠道（如搜索引擎、社交分享等）带来的自然流量增长。自然流量最终需通过转化率数据进行验证，跟踪由自然流量带来的购买行为或其他目标（如注册量、下载量等）是否显著增加，能够帮助评估SEO对销量或品牌影响力的直接贡献。

②关键词排名变动：借助Ahrefs、SEMrush等工具监控目标关键词排名情况，如果核心关键词排名上升且稳定在首页，便意味着优化策略达到预期成效。

③用户行为分析：如页面跳出率、页面停留时间和访问深度可以反映内容的吸引力，跳出率的下降通常意味着内容更契合用户需求；页面停留时间越长，说明内容对用户的吸引力越强；访问深度是指用户访问页面的数量，访问深度的增加表明网站结构优化良好，且内容具备较强的关联性。

（2）SEM效果评估

SEM效果的评估需要聚焦在ROI（Return on Investment，投资回报率）、转化率和广告投放的实际表现，以确保预算被合理、高效地利用。

①ROI：ROI是SEM效果评估的核心指标，高ROI表明广告投放策略有效，低ROI则表明需优化关键词、创意或目标用户群。

②转化率：转化率显示每次点击广告后完成购买、注册等目标行为的用户比例，高转化率通常意味着广告文案与用户需求高度匹配。

③广告表现：通过分组测试不同广告创意、关键词组合或目标地域

的表现，可发现哪些因素对流量和转化贡献更大。例如，针对不同国家投放不同语言版本的广告组，测试同一关键词的多种广告文案，以优化点击率。

（3）成功案例分析

某电子消费品跨境电商公司将SEM中表现优秀的关键词反哺SEO优化，进一步提高自然流量。SEO占领自然流量后，SEM预算就能集中在新品和高回报产品上。两者协同后，该公司的营销成本降低了15%，整体营收提升了50%。

①SEO策略：优化核心关键词及相关长尾关键词，使内容营销覆盖了不同国家用户的使用场景。

②SEM策略：通过购物广告推广热销单品，同时投放节日促销广告，意图在短期内提升销量。

结果：自然流量增长了120%，SEM广告点击率提高30%，全年销售额提升了40%。

7. 实践建议与趋势展望

（1）SEO与SEM整合趋势

随着AI技术的发展，SEO和SEM的整合将更加智能化，如通过机器学习预测关键词趋势、自动优化广告内容等。

（2）新兴市场的机会

在一些搜索引擎尚未饱和的新兴市场（如非洲、东南亚等），SEO和SEM的结合应用将为跨境电商带来巨大增长空间。

（3）技术与用户体验的平衡

无论是SEO还是SEM，最终目的都是服务用户，跨境电商需要持续优化技术和内容，为全球用户提供一致且卓越的体验。

SEO与SEM在跨境电商中分别扮演了"长期流量积累"和"短期流量爆发"的角色。通过科学整合两者的策略，企业可以实现全周期的用户覆盖和流量增长，同时优化成本与资源配置。这种平衡发展模式不但有助于跨境电商企业拓展市场份额，而且能为品牌在全球化竞争中奠定坚实的基础。

7.2 跨境电商的内容营销与用户互动策略

在跨境电商竞争白热化的环境下，仅凭借价格优势与传统销售渠道，已难以满足消费者日趋多样化的需求。为了在全球市场中崭露头角并达成持续增长，企业需要更为精妙的运营策略，特别是在内容营销与用户互动这两方面。

1. 跨境电商内容营销的核心理念

（1）价值驱动

跨境电商的内容营销首先要为消费者提供价值。这意味着内容不仅要展示产品或服务的优点，还要围绕消费者的需求、兴趣、生活方式等方面，提供具有实用性、趣味性和教育性的内容。

（2）情感共鸣

跨境电商企业可创作独特品牌故事、展示客户真实使用体验、发布触动人心的图文内容等，以此加深消费者对品牌的情感认同。这种情感价值的传递，有助于打破理性消费的界限，吸引更多潜在客户的注意，并激发他们的购买欲望。

（3）教育性和娱乐性

跨境电商企业并非只能进行单纯的产品展示，还可借助内容营销向消费者传授知识，增进其对产品的理解。例如，企业可以通过教育性文章、视频教程、使用技巧等方式，帮助消费者更好地了解产品功能、使用场景和潜在价值。

2. 内容营销的形式与优化

（1）笔记和文章

在跨境电商的内容营销中，撰写优质且有深度的推荐笔记与文章属于基本形式。深入剖析目标市场的消费趋势、产品使用技巧、行业动态等，品牌便可为消费者提供有价值的信息，进而逐步积累忠实用户。

（2）视频营销

视频，这种最具互动性的内容形式，已然成为跨境电商内容营销的关键渠道。跨境电商可借助短视频、产品演示视频、客户使用体验视频等，以生动直观的方式展现产品特性，同时传递品牌价值观。

（3）社交媒体内容

社交平台在全球消费者的日常生活里占据重要地位，跨境电商能够借助微博、Facebook、Instagram、Twitter等平台，定期发布品牌内容与产品信息。跨境电商企业借助定期更新与互动，可在全球构建起与消费者的情感纽带，提升品牌认知度与用户忠实度，激发消费者购买欲，进而推动全球市场拓展。

（4）电子邮件营销

社交媒体与视频平台的崛起虽改变了营销格局，但是电子邮件营销仍旧是跨境电商至关重要的营销工具之一。跨境电商企业可定期发送电子邮件，向目标用户推荐新品、推送促销资讯、给予个性化推荐，进而维系与消费者的长久联系。

（5）内容营销的SEO优化

通过深入分析目标市场，选择相关性强的关键词，并对网站和博客内容进行优化，可以有效提高搜索引擎的排名。此举措有助于品牌吸引更多潜在客户，增加内容的网络曝光度，从而提升品牌知名度与市场竞争力。

3. 用户互动策略的构建

（1）建立社交社区

通过创建独立的品牌社群或在主流社交平台上建立官方账户，跨境电商企业可以与消费者实时互动、获取反馈、提供帮助，并提升消费者的参与感。

（2）个性化互动与推荐

借助数据分析，跨境电商能够洞悉每位消费者的购买偏好、兴趣及过往行为，进而为他们提供个性化的互动与推荐。例如，当用户浏览某一款商品时，品牌可以通过电子邮件或社交媒体推送相关的产品推荐或折扣信息，增加互动频次，提升转化率。

（3）注重UGC驱动

通过鼓励用户分享他们的购物体验、产品使用心得以及与品牌相关的故事，跨境电商企业能够获得真实、富有说服力的内容，同时增强品牌的社交验证效果。例如，用户能够在社交平台上分享产品使用前后的对比，上传使用产品的照片或视频，甚至参与品牌举办的挑战赛与活动。

（4）在线客服与实时沟通

在跨境电商运营过程中，在线客服与实时沟通系统扮演着至关重要的角色。通过即时聊天工具，如LiveChat、WhatsApp、WeChat等，品牌可以及时解答消费者的疑问，帮助其做出购买决策，同时加深品牌与消费者之间的联系。

（5）线上活动与互动营销

跨境电商平台中各类丰富的线上活动，能够极大提升用户的参与感，激发消费者的互动兴趣。例如，卖家能够举办有奖互动、限时抢购、直播带货之类的活动，激励消费者参与其中并分享自身的购物经历。

4. 数据驱动的内容营销与互动优化

（1）消费者行为分析

跨境电商平台可剖析消费者的网站浏览历史、搜索记录、购买习惯等数据，挖掘潜在需求，进而推送精准内容与产品推荐信息。这种数据驱动的方式使得内容营销更加有的放矢，提升了用户的体验和转化率。

（2）社交媒体分析与优化

跨境电商企业可借助社交媒体分析工具，实时监测品牌在社交媒体上的表现，如用户互动量、评论、分享等指标，进而优化内容策略，调整营销活动方向。

（3）A/B测试与优化

跨境电商企业可以借由A/B测试，持续优化内容与互动策略。例如，测试不同形式的广告、不同语言的营销信息、不同时间段的社交活动，找出最有效的营销组合，从而提高营销效率和用户参与度。

内容营销与用户互动是跨境电商成功的关键因素之一，跨境电商企业若能打造出富有价值且引发用户情感共鸣的内容，便可在全球市场中崭露头角，吸引并维系消费者的关注。

7.3 社交媒体营销与广告投放的策略与实施

在跨境电商竞争日益激烈的今天，社交媒体营销与广告投放已成为品牌获取客户的重要手段。因此，合理地运用社交媒体营销与广告投放策略，成为跨境电商成功的关键因素之一。

1. 社交媒体营销的基本策略

（1）内容创作与发布策略

在跨境电商的社交媒体运营里，企业需依据目标市场的文化差异、用户兴趣、热点话题等要素，打造本地化内容。例如，在欧美市场中，时尚潮流、科技产品和绿色环保话题是吸引关注的关键因素；而东南亚市场有所不同，价格优势、产品使用场景展示及实用性内容更易引起用户共鸣。

跨境电商企业除常规产品推广内容外，还可借创意视频、UGC、互动问答等形式提升用户参与感，从而增强品牌影响力。

（2）社区运营与粉丝管理

社交媒体首先是方便用户互动的社交平台，其次才是营销的重要阵地。企业在社交媒体上的运营一定要注重"社区化"运营，努力构建与消费者的长期互动关系。跨境电商企业可以通过建立粉丝群、定期回复粉丝评论、开展互动性较强的活动等方式维系与消费者的情感联系。

（3）平台选择与多渠道策略

不同社交媒体平台的用户群体存在显著差异，因此，跨境电商企业在进行社交媒体营销时，必须根据目标市场的特点来选择最合适的平台。例如，TikTok以其短视频内容和高效的用户互动方式吸引了大量年轻人群，适合用来推广时尚、潮流类产品；而Facebook和Instagram则有更广泛的用户群体，非常适合推广各类消费品。

2. 广告投放的策略与实施

（1）广告定向与精准投放

社交媒体广告的一大显著优势便是其精准的用户定向能力。不同平台提供了很多定向方式，如地域、年龄、性别、兴趣、设备使用情况、行为习惯等。例如，在向欧美市场投放广告时，可以根据用户的兴趣定向，如投放给关注"环保生活"或"运动健身"的消费者，以提高广告的相关性和效果。

（2）创意与合适的广告格式

广告效果很大程度上取决于广告创意质量，社交媒体广告投放尤其重要，而且选择与平台契合的广告形式至关重要。因此，跨境电商企业在制定广告策略时，需要深入理解各平台的用户偏好和广告形式，确保创意与平台的特性高度契合，从而提升广告的整体效果。

（3）预算控制与数据分析

在广告投放过程中，跨境电商企业应当设置合理的预算，并通过广告平台的数据分析工具实时跟踪广告的效果。例如，如果某一广告形式的点击率高，但转化率低，品牌可以通过调整广告文案或落地页内容来提高转化效果；如果某些地域的广告效果较差，则可以根据数据调整地域投放策略。

3. 社交媒体营销与广告投放的效果评估

（1）用户互动度

在评估社交媒体营销效果时，不能仅仅依赖销售数据，应更多关注用户互动度的变化。用户的评论、点赞、分享行为，以及视频观看时长等指标，都能作为评估品牌在社交平台上的影响力与受欢迎程度的因素。如果这些指标呈现积极趋势，说明品牌的内容成功吸引了用户参与，能够激发他们的互动和讨论，从而增强品牌的社交影响力。

（2）转化率与ROI

广告投放的核心目标之一在于提升转化率，也就是把潜在客户转化为实际购买者。跨境电商企业要想精确计算广告转化率，需要分析跟踪链接、跳转页面、付款过程等方面的数据。此外，ROI有助于企业衡量广告投放的实际效益，从而明确判定广告是否达成预期回报。

（3）品牌曝光与市场影响力

社交媒体营销的成效，并非仅仅在于短期销售额的增长，更在于品牌的长期曝光以及市场影响力的提高。跨境电商企业可分析社交平台的曝光量、品牌提及频次、相关搜索量等数据，用以评估社交媒体活动对品牌知名度和影响力的长久贡献。

通过精确的定向广告投放和创新的社交媒体内容创作，跨境电商不仅能够吸引更多的潜在用户，还能建立起与消费者之间的深度互动关系。未来，社交媒体平台将继续发展，消费者需求也会随之不断变化。跨境电商企业需持续调整营销策略，探索新型广告形式与互动方式，从而更好地契合全球市场需求。

7.4 跨境电商的品牌建设与营销管理

随着国际贸易的便利化与消费者购物习惯的变化，越来越多的企业通过跨境电商平台拓展海外市场。与传统电商相比，跨境电商面临着更复杂的市场环境和更强的文化挑战，要求品牌建设和营销管理既要具备全球视野，又能针对不同市场进行本地化调整。

1. 跨境电商品牌建设的核心要素

在跨境电商行业，品牌建设不仅要打造独特的品牌标识，还要通过一系列战略举措培养消费者对品牌的深刻认知与信任，其核心要素如图7-1所示。

图7-1

（1）品牌定位：精准锁定目标市场

不同国家和地区的消费者在文化背景、购买习惯、支付方式及偏爱的购物平台等方面，存在明显的差异。因此，当企业涉足新的跨境电商市场时，需要先开展详尽的市场调研，洞悉不同市场的消费特性，进而为品牌确立精准的市场定位。

（2）品牌文化：跨越国界的情感联结

在跨境电商中，品牌文化不仅要符合本土市场的情感需求，还要具备国际化的包容性。例如，一些跨境电商企业通过倡导可持续发展、环保、健康等全球性议题，赢得了各国消费者的共鸣，进而提升了品牌的影响力。

（3）品牌体验：通过全方位的服务赢得口碑

跨境电商企业必须关注全流程的用户体验，确保从品牌认知到购买决策再到售后服务的每一环节都能够给消费者带来满意的体验。而良好的购物体验又会转化为口碑效应，进一步吸引更多的潜在客户。

（4）品牌传播：整合多渠道推广策略

品牌传播是品牌建设中的关键环节，特别是在跨境电商行业中，如何通过线上线下多渠道的传播方式提升品牌知名度和美誉度，成为跨境电商企业需要解决的重要问题。

2. 跨境电商的营销管理重点

营销管理是跨境电商企业实现品牌目标的具体操作路径，它涵盖了从市场调研、定价策略到广告投放、促销活动等多个环节。

（1）市场调研：了解目标市场的需求与竞争环境

企业在首次涉足跨境电商市场时，必须高度重视市场调研这一环节。通过精确分析目标市场，企业能够识别消费者的核心需求和购物习惯，掌握市场竞争态势，以及行业未来发展的潜力与方向。

例如，对于计划进入中东市场的企业，深入了解当地消费者的宗教习俗和文化规范至关重要。这不仅能帮助优化产品设计，还能规避文化冲突，确保营销活动的合规性与接受度。

（2）定价策略：灵活应对市场变化

跨境电商企业在定价时需在市场竞争压力与盈利目标之间找到平衡点，过高的定价可能导致产品难以在目标市场获得认可，而过低的定价则可能影响品牌的高端形象。通常，跨境电商企业能够采用多种定价方式，如市场渗透定价、市场撇脂定价、竞争对比定价等。

例如，在进入新市场时，可采取较低价格吸引消费者，提高品牌知名度，而在占据一定市场份额后逐步提升价格以提高利润。

（3）广告投放：精确锁定目标客户

跨境电商企业应通过多种渠道，如线上广告和社交媒体推广，来增强品牌曝光度，从而促进销量增长。目前，跨境电商企业常用的广告投放形式包括搜索引擎广告（如Google广告）、社交平台广告（如Facebook广告）以及视频平台广告（如YouTube广告）等。

例如，跨境电商企业在短视频平台如YouTube和TikTok上，能够凭借高互动性的内容和创新性广告，有效提升品牌认知度，为潜在客户带来沉浸式的体验。

（4）促销活动：提升消费者的购买欲望

跨境电商企业可通过折扣、满减、限时优惠等形式快速吸引消费者关注并促进购买转化率的提高。

例如，在海外"黑色星期五"购物节期间，跨境电商企业通过举办限时折扣活动，能够迅速吸引大量消费者关注，从而实现销量的爆发式增长。

3. 品牌建设与营销管理的挑战与应对策略

尽管跨境电商企业在品牌建设与营销管理中能够采取多种手段来实现成功，但依然面临跨文化沟通、物流配送、国际支付与结算等方面的挑战。为了应对这些挑战，跨境电商企业需要采取以下策略。

（1）加强跨文化团队建设

跨文化沟通是跨境品牌传播的主要挑战之一。例如，企业可以招聘熟悉本地文化的专业人才，参与产品设计、内容创作和营销活动策划，从而避免文化冲突并增强消费者的品牌认同感。

（2）优化全球物流体系

为应对物流难题，企业不妨与国际知名物流公司联袂合作，构建高效的全球配送体系。同时，企业可以在关键市场中构建本地仓储中心，以"前置仓库"的方法加速订单处理速度，削减物流成本。此外，采用智能物流管理系统实时监控货物运输，能有效减少物流延误和客户投诉，从而提升整体服务质量。

（3）建立全球支付与结算体系

与国际支付平台联袂合作，提供多元化支付方式，能助力跨境电商企业化解支付难题，提升客户的购买体验。

7.5 跨境电商的差异化文化输出与传播

在全球化进程不断深化的背景下，跨境电商的差异化文化输出与传播成为品牌国际化战略中不可或缺的一环。通过文化元素打破语言与地域的壁垒，精准对接不同市场的消费者需求，已成为品牌在全球竞争中脱颖而出的关键。

1. 跨境电商的文化差异性挑战

（1）语言差异

尽管英语的普及在一定程度上使跨境电商的沟通不再面临完全的语言阻碍，但是不同地区在语言的使用习惯及表达方式上依旧存在着一定的差异。例如，西方市场与亚洲市场在消费习惯、购买心理、情感表达等多个方面都有着较大区别。

（2）消费心理差异

在各异的文化背景之下，消费者的购买心理与决策过程存在着差别。例如，欧美消费者或许更侧重于关注产品的质量与技术；而在亚洲市场中，品牌的知名度、包装是否精美以及社交因素的影响则更被看重。

（3）价值观差异

不同地区的文化与社会价值观各异，这或许会给品牌形象建设带来不同影响。例如，西方市场更侧重于个人主义、自由与创新，而东方市场往往更着重于集体主义、家庭观念和传统价值观。

2. 差异化文化输出的意义

差异化文化输出，指的是跨境电商企业在品牌传播中根据目标市场的文化特征、消费行为和价值观等差异，创造性地将品牌文化和产品特色融入各国消费者的日常生活和文化认同之中，具有十分重要的意义，如图7-2所示。

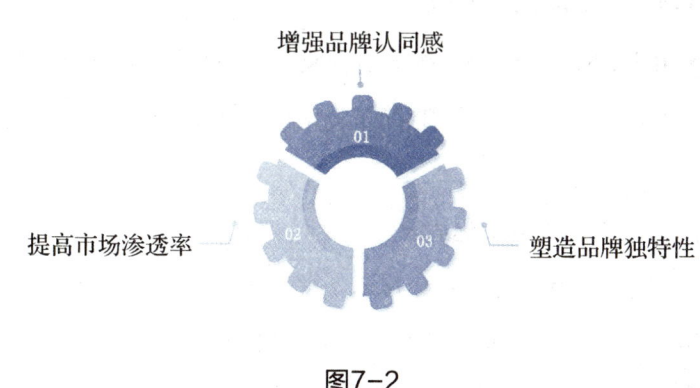

图7-2

（1）增强品牌认同感

差异化的文化输出能够帮助企业在全球市场中脱颖而出，通过特定的品牌文化元素与当地消费者建立情感联结。

（2）提高市场渗透率

跨境电商借助本土化文化输出，可更好地契合不同市场需求，提升产品的市场适配度。无论是产品设计、包装，还是广告语，都可以因地制宜地融入当地文化，进而提升消费者的购买欲，推动市场加速渗透。

（3）塑造品牌独特性

不同地区的文化背景和社会价值观对品牌形象的塑造有着深远影响，西方市场强调个人主义、自由选择和创新精神，而东方市场则更看重集体主义、家庭观念和传统文化的传承。因此，企业在制定全球传播策略时，应细致入微地考虑文化价值观的差异，以确保品牌理念能够在兼顾本地化特色的同时，与目标受众产生深刻的情感共鸣。

3. 差异化文化传播的策略

跨境电商企业若要成功实现差异化文化输出与传播，便需制定一系列策略，保证文化内容在不同地区市场中引发共鸣，切实实现文化传播的目的。

（1）本土化营销与文化适配

企业在进入新市场之前，应深入了解当地的文化特色和消费习惯，以确保市场调研的精准性和实效性。由于文化差异，企业在营销策略、广告创意和推广渠道等方面必须进行必要的本地化调整，以更好地与目标市场对接。

案例：耐克在中国市场中，通过本土化策略，结合中国消费者对传统文化的认同感，以中国传统文化中的"龙"元素为设计灵感，推出了相关产品。

（2）跨文化沟通与情感联结

在跨境电商中，情感营销已经成为提升品牌价值的关键因素。借助跨文化的情感纽带，企业得以触动消费者内心的情感诉求，进而提升其品牌忠实度。例如，在日本市场中，企业可以通过"和文化"来进行情感营销，传递"细腻""精致"的品牌形象；而在美国市场中，企业则可以通过强调"独立"和"创新"来打动消费者。

案例：可口可乐的"分享一瓶可乐"营销活动大获成功，通过把个人名字或昵称印在瓶身上的创意，使消费者感受到自己与品牌之间独特的情感联结。

（3）讲述文化故事与传递品牌价值

通过讲述品牌背后的文化故事，企业不仅能够加深消费者的文化认同感，还能有效传达其核心价值观。许多跨境电商企业通过分享创始人的创业历程、品牌发展故事以及在社会责任方面的贡献，向消费者传递其核心价值。

案例：瑞典家具品牌宜家，其核心理念就是"简单生活"，并通过将这一理念融入品牌广告中，结合简洁实用的家具设计，成功在全球多个市场中传播开来。

（4）利用社交平台推动文化传播

跨境电商企业可以借助社交媒体平台与全球消费者实时互动，分享文化内容，了解消费者反馈，从而调整传播策略。

案例：华为在全球推广时，通过社交平台与全球用户进行互动，分享关于技术、创新、社会责任等方面的内容，树立其具有全球化视野和社会责任感的品牌形象。

4. 持续优化文化传播过程

跨境电商的文化传播不是一蹴而就的，而是一个持续优化的过程。

（1）不断更新文化内容

跨境电商企业要紧跟时代潮流，关注文化发展的趋势，适时调整品牌传播的内容。例如，近年来，环保、可持续发展等社会话题逐渐成为全球文化的热点，跨境电商企业可以将这些话题融入品牌传播中，以增强品牌的社会责任感。

（2）深化用户参与感

跨境电商企业可以通过社交媒体、线上活动等方式与消费者进行互动，邀请他们参与到品牌文化的创作和传播中来，进一步增强品牌与消费者之间的情感联系。

（3）利用多元化传播渠道

除了传统的广告和营销手段，跨境电商还可以通过直播、短视频等新兴平台进行文化传播。

差异化文化输出与传播是跨境电商成功的关键因素之一。通过在文化传播中关注本土化适配、情感联结和文化故事讲述，跨境电商企业不仅能够在全球市场中提高竞争力，还能够形成独特的品牌价值和文化认同感。

跨境电商的
支付与物流

第8章

跨境电商蓬勃的发展，不但促使全球商品流通加速，而且让支付系统成为商家与消费者之间不可或缺的核心环节。跨境电商的支付结构颇为复杂，其需在全球范围内解决支付通道、货币结算、安全性、合规性等多个问题。在此背景之下，跨境电商的支付结构以及全球支付工具的选择与应用显得格外重要。

1. 跨境电商支付结构的构成

跨境电商支付结构主要包括以下几个部分，如图8-1所示。

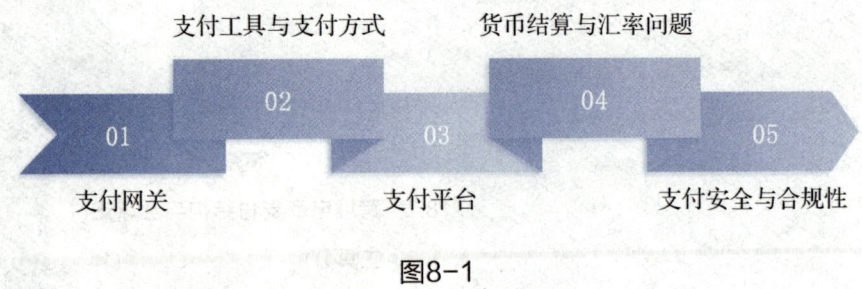

图8-1

（1）支付网关

PayPal、Stripe、Square等皆为常见支付网关，其核心职能为接收消费者支付请求，再传至支付平台，从而开展验证、授权与交易处理工作。

（2）支付工具与支付方式

支付工具即消费者用以支付的方式，通常涵盖信用卡、借记卡、电子钱包（如PayPal、Alipay等）以及银行转账等。

（3）支付平台

PayPal、Alipay、Stripe、Worldpay等支付平台是常见的提供跨境支付服务的第三方平台，可以实现多币种支付、资金结算等功能。但不同的平台对支付方式和货币结算需求的支持各有差异，卖家需依据业务需求筛选更适合自己的平台。

（4）货币结算与汇率问题

由于跨境电商涵盖不同国家和地区，支付工具与平台需处理多种货币结算事宜，因此商家需要考虑支付系统是否能自动计算汇率并及时兑换货币。

（5）支付安全与合规性

跨境电商支付的安全性举足轻重，商家要确保支付过程中涉及的资金与个人信息得到妥善的保护。例如，欧洲的《通用数据保护条例》对数据隐私要求颇为严苛，而美国的《支付卡行业数据安全标准》则要求支付平台达到特定的安全标准。

2. 全球支付工具分析

全球跨境电商支付工具繁多，种类丰富，每种均有其优势与局限性。

（1）PayPal

PayPal是全球首屈一指的跨境支付平台，在跨境电商领域被广泛用作支付工具。

优点：在国际支付方面支持范围广泛，覆盖200多个国家和地区；为买家提供强有力的保护，使得消费者在支付时有一定的保障；账户能够即时转账，商家与消费者之间的交易颇为快捷。

缺点：PayPal在跨境交易时收取的手续费较高，而且它在部分发展中国家与新兴市场的技术覆盖较弱。

（2）Stripe

Stripe能够自动处理多币种交易，这使其成为全球范围内广受欢迎的一种支付工具。Stripe具备强大的应用程序接口支持与灵活的支付功能，商家可利用该工具自定义支付流程，进而便捷地在网站或APP上实现支付功能。

优点：在国际支付方面支持范围广泛，涵盖许多国家和地区；提供丰富的开发者工具，支持多种编程语言与技术栈，灵活性极佳；支持全球主要市场，跨境支付结算便利；费用结构透明，无隐性收费情况。

缺点：与其他支付平台相比，Stripe的支持体系很大程度上依赖开发者的技术能力，这对缺乏技术支持的卖家来说不太合适。

（3）支付宝与微信支付

通过支付宝和微信支付这两大支付方式，中国卖家可便捷对接全球消费者的支付需求，在涉及中国市场的跨境交易中展现出强劲的竞争力。

优点：在中国及其他亚洲市场中，支付宝和微信支付的普及程度极高，是消费者首选的支付工具；可以提供即时支付服务，缩短消费者的等候时间，从而提升购物体验。

缺点：国际化水平较低，特别是在欧美等地区，用户对它们的接受程度不及PayPal等国际支付工具；其主要面向中国及周边国家市场，跨境支付的复杂程度相对较高。

（4）信用卡与借记卡支付

信用卡与借记卡仍然是全球跨境支付中最为常见的支付方式，几乎每个跨境电商平台都支持信用卡支付。Visa、MasterCard、American Express等主流信用卡品牌，在各国消费市场中广泛应用。

优点：信用卡是全球支付的主流形式，在几乎所有国家和地区均可使用；信用卡支付简便快捷，消费者仅需提供卡号、有效期及安全码等信息就能完成支付；它支持多币种支付，能够自动处理汇率转换。

缺点：信用卡与借记卡交易手续费较高，尤其是在跨境支付时，银行和支付机构收取的手续费颇为高昂；部分国家信用卡普及程度较低，可能影响特定市场的支付转化率。

（5）Apple Pay与Google Pay

Apple Pay和Google Pay可以借助NFC（Near Field Communication，近场通信）技术，为消费者提供便捷的移动支付服务，实现无接触支付。二者均支持多种信用卡、借记卡与银行卡的绑定，进而为全球消费者提供便捷的支付途径。

优点：支付过程快捷，无须手动输入卡号与密码，极大地提升了支付效率；其使用极为便捷，特别契合移动端购物需求，有力地提升了用户体验。

缺点：目前主要在欧美及部分亚洲市场中得以普及，在某些地区的覆盖范围较为有限；并非支持所有的设备和操作系统，使用条件在一定程度上受到了限制。

跨境电商支付是全球化商业不可或缺的关键环节，支付工具的抉择与优化能直接影响商家全球运营的成效。商家需要综合考虑支付工具的功能、安全性、费用结构、市场覆盖等多方面因素，选择最适合的支付方式来满足全球消费者的需求。

8.2 跨境电商支付风险与欺诈防范措施

在全球化的浪潮中，跨境电商的支付环节堪称影响交易能否顺利进行的核心环节。然而，跨境支付涉及跨国界操作，涵盖多种支付工具、货币兑换及法律法规等要素，因此面临着与本地支付不同的特殊风险。

1. 跨境电商支付的风险类型

跨境电商支付的风险主要包括以下几类。

（1）支付欺诈风险

在跨境电商领域，支付欺诈风险是极为常见的风险形式。常见的支付欺诈行为涵盖盗用信用卡、盗窃身份、虚假订单等。由于跨境电商商家常常与消费者不在同一地区，难以通过面部识别等方式验证身份，因此支付欺诈行为的发生率更高。

（2）汇率波动风险

在实际操作中，汇率在不同时间点的波动会导致商家收到的支付金额有所不同，尤其是在外汇市场中波动较大的时期。例如，如果在下单和结算之间汇率发生较大变动，商家收到的款项数额可能会低于预期，这对于利润微薄的小型电商卖家尤其具有挑战性。

（3）交易冲突与退款风险

在跨境电商交易中，消费者对商品的期望和实际收到的商品可能存在差距，进而产生退款和退货的需求。更糟糕的是，如果退款情况频繁发生，商家可能被认为存在销售问题或欺诈行为，进一步导致平台对商家的限制或罚款。为了避免此类风险，商家应建立完善的售后服务体系，确保商品的质量和描述准确无误，同时在销售过程中与消费者保持良好的沟通。

（4）支付平台合规性风险

部分国家对跨境支付监管要求严苛，如果支付平台不能满足当地法规要求，商家可能面临合规风险，如罚款、账户冻结，甚至被禁止运营。例如，美国和欧洲的法规在这方面尤为严苛，要求支付平台和商家在跨境交易中遵循严格的反洗钱和消费者数据保护规定。如果商家选择的支付平台无法符合这些规定的要求，可能导致商家面临监管处罚、平台账户冻结等严重后果。

（5）技术安全风险

跨境电商支付过程中，数据的传输和存储需要通过互联网和服务器来实现，存在一定的技术风险。如果支付平台未能实施严格的数据加密和防护措施，可能会遭遇黑客攻击、恶意软件或网络钓鱼等攻击，导致商家和消费者的信息和资金遭受损失。

2. 跨境电商支付欺诈的主要手段

跨境电商支付欺诈行为复杂且多样，常见的支付欺诈方式包括以下几种。

（1）盗用信用卡

欺诈者常以网络钓鱼、泄露数据或恶意软件窃取等方式获取消费者的信用卡信息，而后利用盗取的卡号进行支付。这类欺诈行为不仅会导致消费者的资金损失，还会引发信用卡公司对商家的追索，商家可能需要承担退款、赔偿甚至惩罚等。

（2）盗用账户

除信用卡之外，欺诈者也有可能通过窃取消费者的电商账户信息，直接发起虚假订单，并通过仿冒身份完成支付。这种情况下，商家可能遭遇的是虚构订单和虚假退款的风险。

（3）虚假消费

某些跨境电商平台的商家，可能还会遭受到一些让人头疼的"虚假消费"攻击。欺诈者使用虚假身份通过跨境电商平台购买高价值商品（如电子产品、奢侈品等），收到商品后以"商品不符合描述"或"质量问题"为理由申请退款。在某些情况下，欺诈者还会伪造假货退还给商家，造成商家资金和库存的双重损失。

（4）支付渠道欺诈

支付渠道欺诈是指欺诈者伪装成正规支付平台或支付服务提供商，诱使商家通过其非正规支付渠道进行资金转账。这类欺诈通常发生在商家未能验证支付平台的合法性时，导致资金最终转入骗子账户，商家无法追回资金。

3. 跨境电商支付欺诈防范措施

面对上述多个支付风险与欺诈手段，商家需要加强防范措施，建立严格的支付验证和交易监控系统，以降低受到欺诈攻击的可能性，如图8-2所示。

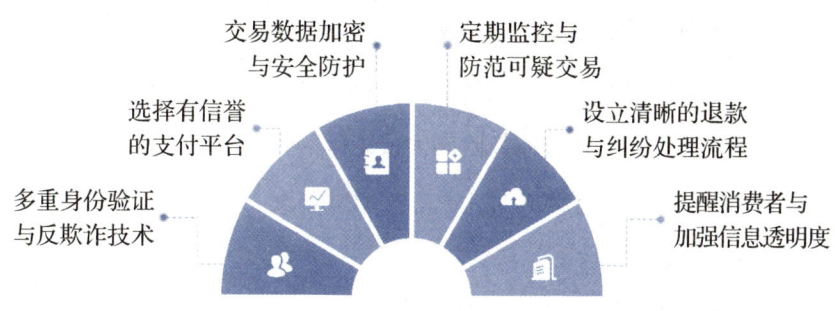

图8-2

（1）多重身份验证与反欺诈技术

在跨境电商领域，消费者身份与支付信息的核实颇具难度，易成为欺诈者的目标，这一点尤为重要。除了传统身份验证方法，商家还应运用先进的反欺诈技术，如基于大数据的交易行为分析、IP地址与地理位置分析等，实时识别可疑交易，阻止虚假订单和盗用信用卡行为。

（2）选择有信誉的支付平台

商家在选择支付平台时，应优先考虑那些具有良好声誉、成熟技术和高安全性的第三方支付平台，如PayPal、Stripe、Alipay、Worldpay等。商家应尽量避免与一些不安全、不规范的小型支付平台合作，因为这些平台的支付防护机制往往较为薄弱，容易成为欺诈者的目标。

（3）交易数据加密与安全防护

在跨境支付过程中，SSL/TLS加密技术的运用以及定期开展安全审核与漏洞扫描工作，能够切实保障交易数据的安全传输，有效防止如信用卡号、密码之类的敏感支付信息数据在传输过程中被窃取或遭受黑客攻击。通过多重防护措施的实施，商家不仅能降低信息泄露的风险，还能确保支付过程中数据的完整性和保密性，防止黑客攻击和盗取数据。

（4）定期监控与防范可疑交易

商家应定期对平台上的交易行为进行实时监控，特别是针对金额较大、交易频次较高、涉及高风险国家或地区的订单。通过与支付平台合作，商家还需要利用风险评估工具，实时评估交易的风险等级，及时采取措施减少损失。

（5）设立清晰的退款与纠纷处理流程

商家有必要构建清晰且行之有效的退款政策与纠纷处理机制，要明确规定哪些情况需要进行退款，哪些情况属于欺诈行为，同时避免消费者频繁利用退款政策进行欺诈。此外，商家应与支付平台和银行合作，追踪每笔款项支付的状态，以便及时处理交易纠纷。

（6）提醒消费者与加强信息透明度

除了商家自行采取防范举措，提醒消费者识别与规避支付欺诈也是非常有必要的。加强平台上商品信息和支付流程的透明度，提供明确的售后保障政策，能有效提高消费者的信任度，从而降低支付欺诈发生的概率。

总体来说，跨境电商支付面临的风险具有多面性，因此，商家需要结合上述内容，采用科学合理的防范举措来降低这些风险的发生概率。

8.3 跨境电商国际物流渠道的选择与优化策略

在全球化的竞争格局中，跨境电商商家需要在物流渠道的抉择与优化方面持续深耕，从而应对日趋繁杂的市场需求与物流挑战。

1. 跨境电商国际物流渠道的选择

商家在选择国际物流渠道时，应考虑以下几个关键方面的问题。

（1）运输方式的选择

①海运：性价比最高，但周期长。海运的最大优势在于其低成本，适合进行批量采购或长期库存管理。因此，海运适用于运输非急需的商品，如家电、日用品、衣物等。

②空运：高时效性，但成本较高。虽然空运的成本相对较高，但在满足紧急需求和提高客户满意度方面，空运具有不可替代的优势。

③铁路运输：时效和成本的良好平衡。铁路运输时效胜于海运，且成本相对较低，在某些特定地区，尤其是中欧之间，铁路运输已成为颇具竞争力的一种选择。

④公路运输：短途灵活，适用于区域性物流。公路运输适用于欧洲、北美等区域内部的短途跨境电商运输。对于目的地距离较近的国家或地区，公路运输提供了灵活的运输方式，通常比海运和空运更加便捷。

（2）目标市场与目的地国家的需求

不同市场的消费者行为和需求差异，将直接影响跨境电商的物流决策。例如，对于欧美市场，商家可能更倾向于选择能够提供较短交货周期的空运服务；而对于东南亚等发展中市场，则可能更倾向于使用成本较低但时效稍长的海运服务。

（3）跨境物流的合规性与清关问题

在全球化的物流格局下，各国进口法规、税率与清关流程千差万别，而这些差异均会对最终的物流效率产生影响。在制定物流策略时，商家应考虑将部分商品预先通过区域性仓储来降低关税成本。

清关不仅是跨境电商物流的一项法律合规工作，还会对物流时效产生重大影响。当下，如DHL、FedEx等国际物流公司，都可提供一站式清关服务，助力商家简化冗杂的通关手续，避免因清关问题造成物流延误。

（4）第三方物流与跨境电商物流平台

随着跨境电商的兴起，第三方物流和跨境电商物流平台成为受到越来越多电商商家青睐的合作模式。第三方物流服务提供商可以根据商家的具体需求，提供定制化的物流解决方案，包括仓储、分拣、运输、配送等一条龙服务。对于没有足够资源和能力去独立管理物流体系的商家来说，选择专业的物流合作伙伴可以大大降低运营复杂性，缩减成本，并提高供应链的效率。

例如，EasyShip、ShipBob、C.H.Robinson等平台提供从仓储、配送到清关的全套服务，商家只需通过平台选择合适的运输方式并管理订单即可，大大提高了运营效率。这些平台通常与多家物流公司合作，提供一系列可供选择的运输方式，从而帮助商家根据价格、时效等因素做出最优选择。

2. 跨境电商国际物流渠道的优化策略

商家在选定物流渠道后，应采取一系列有效的优化策略，从根本上提高物流运营的整体效率，适应全球化市场的竞争需求。

（1）优化库存管理与分仓策略

国际物流的时效性和成本往往受到库存分布的影响。通过本地仓库发货，商家不仅能提升订单处理速度，还能减轻海关清关的压力，减少因进口关税和审查导致的延误。

（2）利用多式联运优化运输方案

在跨境电商的物流中，灵活使用海运、空运、铁路运输和公路运输等多种方式进行多式联运，能大大提高效率并降低整体运输费用。通过多式联运，商家可以将不同运输方式的优势互补，找到既符合成本要求又能提升时效的最佳解决方案。

例如，在从中国发货到欧洲的跨境电商运输过程中，商家可以先通过海运将货物运送到中东或欧洲的转运港口，然后通过铁路运输或公路运输完成最后一段运输。这样，商家既能够利用海运的低成本特性，又能通过铁路运输或公路运输缩短部分时间，提高整体时效性。

（3）数据驱动的运输优化

随着技术的进步，跨境电商商家已经能够利用大数据分析工具，实时监控和分析物流过程中的各类数据。通过分析运输过程中的各种数据（如运输时间、成本、配送效率等），商家可以发现瓶颈所在，并在此基础上做出优化调整。此外，商家还可以利用数据分析工具进行需求预测，根据不同季节、节假日等因素预估市场需求，提前安排物流资源，避免运输高峰期的拥堵和滞后。

（4）与物流服务提供商建立长期合作关系

随着技术的进步，跨境电商商家已经能够利用大数据分析工具，实时监控和分析物流过程中的各类数据。商家应与具备丰富跨境物流经验和全球网络的物流公司建立长期合作关系，进而享受更加优惠的运输费用和更优质的服务保障。

同时，长期合作能够促使商家与物流公司在信息流通、流程优化、技术支持等方面进行更深层次的协作。随着双方合作的深入，商家可以在物流需求的规划和执行过程中，获得更高的灵活性和效率，从而提升整体物流运营水平。

利用稳定的合作关系，商家还可以提前获取市场动态和物流政策变化的最新信息，从而在复杂多变的跨境物流环境中提前做出调整。这种深度合作将有助于提升商家的竞争优势，保障物流服务的长期稳定。

跨境电商的国际物流渠道优化是一个系统化、持续改进的过程，需要商家在多个方面进行精细化操作。从优化库存管理和分仓布局，到灵活运用多式联运、借助数据分析优化运输路径，再到与物流供应商建立长期合作，商家需要在全球供应链的每一个环节进行精心规划。

8.4 跨境电商物流成本与时效控制的实施方法

在跨境电商运营中，合理管控物流成本、高效管理物流时效，不但能为商家带来直接经济效益，而且可提升消费者的购物体验，进而增强品牌竞争力。因此，如何有效地优化物流成本，并在此基础上确保时效的可控性，成为跨境电商商家必须解决的重要问题。

1. 物流成本的构成与控制

物流成本主要包括运输成本、仓储成本、关税和保险费用等，因此对物流成本的控制应分类考虑。

（1）运输成本

①选择合适的运输方式：根据货物的不同特点，商家应灵活地选择运输方式。例如，针对大宗货物或重型商品，海运通常是成本最低的选择；而对于急需交付的订单，空运或铁路运输尽管费用较高，但能大幅提升时效性，确保客户的需求得到满足。

②优化运输路线：在跨境运输过程中，商家应避免选择绕远的路线或需要中转的港口，尽量减少停靠次数和运输环节。多式联运（如海运与铁路运输或公路运输结合）能够帮助商家根据运输距离和时效要求，灵活调整运输方式，降低整体费用。

③货物合并与共享物流：跨境电商商家可与其他卖家或供应商协作，共享运输资源，以降低空载率，削减每单位货物的运输成本。尤其

是在订单量较小的情况下，选择共享物流能够显著节约成本。

（2）仓储成本

①调整分仓布局：通过在核心市场（如欧美等地）设立本地仓库，可以显著缩短跨境运输的距离，减少运输时间和费用。这样一来，商家能提前在当地备货，减少从远程仓库到消费者位置的运输距离，从而节省物流费用并提高配送效率。

②智能化库存管理：商家可以借助现代技术和智能系统，实时监控库存状况，预测市场需求波动，调整库存策略。

③灵活的仓储方案：商家可以选择第三方物流提供的灵活仓储解决方案，这样不仅减少了自己直接投资仓储的成本，还能享受更专业的仓储和配送服务。

（3）关税

①优化产品分类：不同产品类别可能对应不同税率，商家可凭借合理的产品分类、描述与包装方式，确保商品报关时能按最有利的税率处理，从而避免过高的关税负担。

②选择适当的贸易术语：商家可以根据市场需求，选择适当的贸易术语，如DDP（Delivered Duty Paid，税后交货）或DDU（Delivered Duty Unpaid，未完税交货）等，从而灵活处理税费。例如，采用贸易术语DDP，商家就可预先支付关税，从而避免因未将关税计入运费而产生额外费用。

③了解目的地税收政策：商家需明确知悉目标市场的关税政策与进口规定，以防因关税信息不明而被征收高额税费，致使物流成本超支。

（4）保险费用

在如海运等长途运输过程中，商品很容易遭遇损坏、丢失等风险。

因此，选取适宜的保险方案，是降低风险、保障资金安全的重要举措。然而，过高的保险费用也会使物流成本增加，因此，商家需在保险费用与保障范围之间寻求平衡。

2. 时效控制的关键策略

跨境电商的成功不仅依赖产品的质量和价格，还高度依赖及时交付的能力。消费者越来越重视物流时效，而商家也必须在确保高效配送的同时控制相关成本。

（1）精准的时效预测与规划

时效管理的核心要素之一在于精准预测市场需求与物流状况，商家需依据历史订单数据、季节性波动及市场趋势，提前进行物流规划。例如，针对促销季节或节假日购物高峰，商家可以通过增加库存、提前发货及调整供应链，避免因订单量激增而导致延误。

（2）多渠道物流方案的灵活组合

为了提升时效性，一些跨境电商商家会考虑采用多渠道物流方案。例如，若订单时效性要求极高，可采取空运或专线运输；若订单时效要求较低且对成本敏感，海运或铁路运输不失为良选。商家可综合考虑不同运输方式，灵活调整运输方案，从而确保在各类订单需求下均能符合时效要求。

（3）实时监控与数据驱动的时效管理

借助物流管理系统和数据分析工具，商家可以对物流过程进行实时监控，并通过数据分析对运输路径、时效瓶颈等进行动态优化。这种数据驱动的管理方式，可以在面对复杂多变的跨境运输环境时确保时效的稳定性。

（4）与优质物流服务商建立合作

优质的物流服务商在保障时效方面具有重要作用。商家通过与这些国际物流公司建立长期合作关系，可以获得更多的资源支持，提升运输优先级，并享受更多的时效保障。与这些物流公司合作，商家既能享有更快捷的配送时效，又可在遭遇紧急状况时，获取更好的服务支持与应急处理方案。

3. 物流成本与时效的平衡

在物流管理范畴内，若过度着眼于成本控制，时效性恐怕会有所降低；反之，如果一味讲求时效，运输成本极有可能大幅上涨。因此，商家有必要依据不同产品、市场及订单的特性，制定灵活多变的物流策略。

商家借助精细化的物流规划，能够在确保时效性的同时，削减整体物流成本。例如，商家可根据产品特性、客户需求及市场定位，挑选不同的运输方式与仓储方案，从而确保在物流成本和时效之间达成最优的平衡。这种平衡将帮助跨境电商企业在激烈的市场竞争中占据有利位置，最终实现盈利和品牌影响力的双赢。

随着全球电商市场的快速发展和消费者对物流时效要求的不断提高，跨境电商企业必须根据自身需求、市场特点、产品类型和消费者期望，选择合适的物流服务供应商并与其建立稳固的合作关系。

1. 选择物流服务供应商要考虑的关键因素

要选择合适的物流服务供应商，需要考虑以下几个关键因素，如图8-3所示。

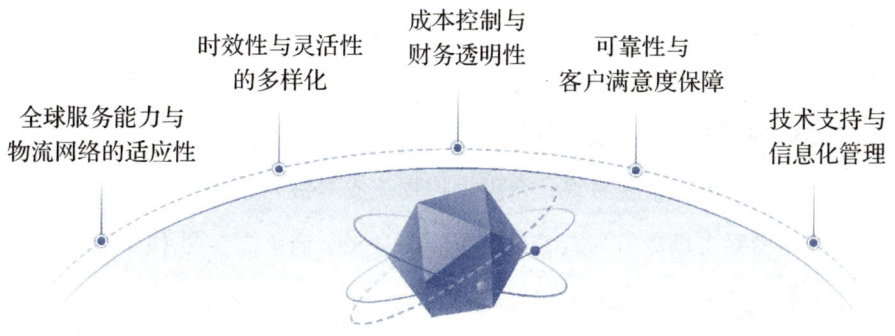

图8-3

（1）全球服务能力与物流网络的适应性

在跨境电商的复杂供应链中，一个理想的物流供应商需要具备全球配送网络，覆盖主要市场并适应各地区的法律、文化、基础设施等差异。例如，DHL、UPS等国际知名物流公司通常拥有分布全球的仓储和配送中心，能够保障货物迅速且稳定地运输到目的地。

而且，在特定节假日或促销季节，物流需求会急剧增加，供应商是否能扩展运输能力、调配资源、快速响应市场变化，是衡量其适应性的关键因素。这要求商家选择的供应商不仅要有全球布局，还要能够灵活应对订单波动，尤其是在高峰期要能保证运输时效和服务质量。

（2）时效性与灵活性的多样化

时效性为跨境电商物流的核心竞争力之一。消费者对货物交付时效的要求日益增长，北美、欧洲等市场在这方面的表现尤为突出。供应商能否在高峰期保持稳定的运输时效，是评估其服务质量的重要标准。

在时效性方面，商家需选择那些能够根据不同需求提供多种运输方案的物流服务供应商。例如，专线物流通常提供更短的交货周期，但运输成本较高；而标准航运可能提供相对较低的费用，但时效性会有所下降。

（3）成本控制与财务透明性

对于跨境电商企业来说，合理管控物流成本极为关键，这对提升利润空间和增强市场竞争力有着至关重要的意义。商家需参照不同市场的价格水平、运输线路和货物特性，选取富有竞争力的价格体系。

此外，商家需与物流服务供应商明确运输、仓储、关税处理等环节费用的具体标准和收费方式，以此保障财务管理的清晰性。透明的定价结构有助于商家在预算范围内规划物流成本，并避免不必要的开支。

（4）可靠性与客户满意度保障

商家在选择物流服务供应商时，必须确保其在运输过程中能够保障货物的安全、无损失和准时交付。同时，良好的客户支持系统和应急处理机制，能够在出现运输延误、损坏或丢失等问题时，帮助商家及时解决问题，减少客户的不满与投诉。

（5）技术支持与信息化管理

技术支持不仅仅局限于物流追踪，还包括自动化报关、动态优化运输路线等功能，从而帮助商家减少人工干预，提升整体运营效率。

2. 物流供应商的合作模式

不同物流供应商的合作模式具有其独特的优势与挑战，商家需要综合考虑并与供应商建立长期稳定的合作关系，最终实现物流成本和服务质量的最佳平衡。

（1）直运模式

直运模式是指商家将货物直接交由物流供应商进行运输，省去了中间仓储和转运环节。通过这一模式，商家可以实现简化物流流程，避免额外的仓储费用和转运费用，适合那些没有设立跨国仓库需求的电商企业。

在这一模式下，商家需要与物流供应商达成明确的协议，确保运输时效、费用透明和服务质量。在选择供应商时，商家还需要确认是否能够提供运输途中实时的订单跟踪、客户通知和问题处理等增值服务。

（2）第三方物流合作模式

第三方物流合作，即商家把完整的物流管理任务委托于专业的第三方物流服务商。这种合作模式适合订单量较大、物流管理繁杂且需专业化支持的跨境电商公司。通过这种模式，商家能够将仓储、运输、分拣、配送等环节交由具有专业技术和经验的第三方物流服务商来处理，从而减轻自身的管理负担。

在这种模式下，商家不仅能够优化物流成本，还能利用第三方物流供应商的资源整合能力来提升配送效率和服务水平。

（3）专线物流合作模式

专线物流通常是针对某一特定的国际市场或区域进行定制化的物流服务，具有时效性强、价格较低等特点。

专线物流的优势在于定制化服务。商家通过与专线物流服务商合作，可以获得更加优先的运输路线，尤其是在旺季或高峰期，专线物流可以有效避免常规物流服务的拥堵和延误。因此，在这种模式下，商家不仅能优化物流时效，还能享受定制化的解决方案，如特别的包装、路线规划等，从而提升消费者的购物体验和满意度。

（4）联盟模式

联盟模式的一大关键优势在于可共享仓储、运输路线与配送资源，进而提升物流效率，且在一定程度上削减单个商家的投入成本。这种模式可以有效提高资源使用效率，降低单位运输成本，特别适合那些希望通过规模效益获得竞争优势的中小型跨境电商商家。

然而，联盟模式也面临一些挑战，主要是如何在多方之间平衡需求和利益，避免因需求不均或物流资源分配不公而产生的冲突。此外，如何确保联盟内全体成员物流服务质量的一致性，也是商家需高度关注的问题。

在跨境电商运营中，一个卓越的供应商不仅能提供当下服务，还可在未来业务拓展时与商家协同发展。商家应根据自身的业务规模、市场需求和物流复杂性，灵活选择最合适的合作模式。